FANTASY

Die vergessenen Welten

1. Der Gesprungene Kristall (24549)
2. Die verschlungenen Pfade (24550)
3. Die silbernen Ströme (24551)
4. Das Tal der Dunkelheit (24552)

In Vorbereitung:

5. Der magische Stein (24553)
6. Der ewige Traum (24554)

FANTASY

R. A. Salvatore

DIE VERGESSENEN WELTEN 4

DAS TAL DER DUNKELHEIT

Aus dem Amerikanischen
übertragen von Marita Böhm

GOLDMANN VERLAG

Das Buch erschien im Original unter dem Titel
»Forgotten Realms, Volume 2:
Streams of Silver/Chapters 13–24«
bei TSR, Inc., Lake Geneva, WI, USA

Deutsche Erstveröffentlichung

Der Goldmann Verlag
ist ein Unternehmen der Verlagsgruppe Bertelsmann

Made in Germany · 1. Auflage · 2/92

Published in the Federal Republic of Germany by
Wilhelm Goldmann Verlag, München
Deutschsprachige Rechte beim
Wilhelm Goldmann Verlag, München
Umschlaggestaltung: Design Team München
Umschlagillustration: Clyde Caldwell
Satz: IBV Satz- und Datentechnik GmbH, Berlin
Druck: Elsnerdruck, Berlin
Verlagsnummer: 24552
Redaktion: Antje Hohenstein/SN
Herstellung: Peter Papenbrok
ISBN 3-442-24552-4

Inhalt

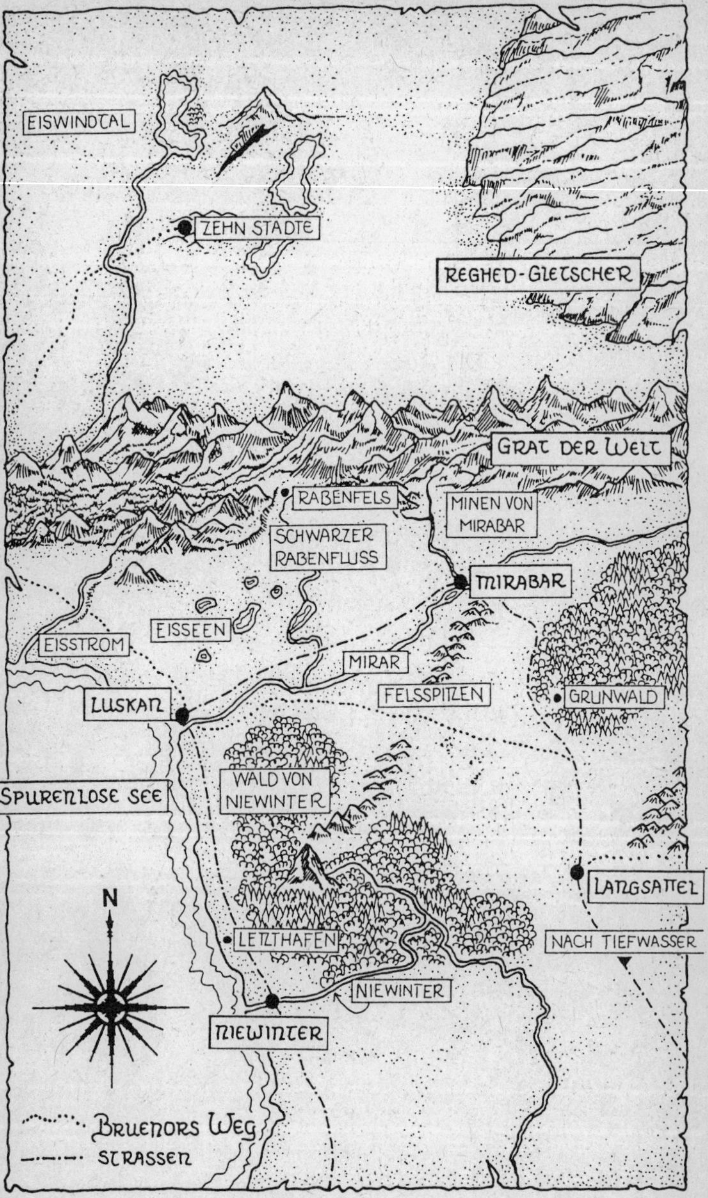
EISWINDTAL
ZEHN STÄDTE
REGHED-GLETSCHER
GRAT DER WELT
RABENFELS
MINEN VON MIRABAR
SCHWARZER RABENFLUSS
MIRABAR
EISSEEN
EISSTROM
MIRAR
FELSSPITZEN
GRUNWALD
LUSKAN
SPURENLOSE SEE
WALD VON NIEWINTER
LANGSATTEL
LETZTHAFEN
NACH TIEFWASSER
NIEWINTER
NIEWINTER
N
BRUENORS WEG
STRASSEN

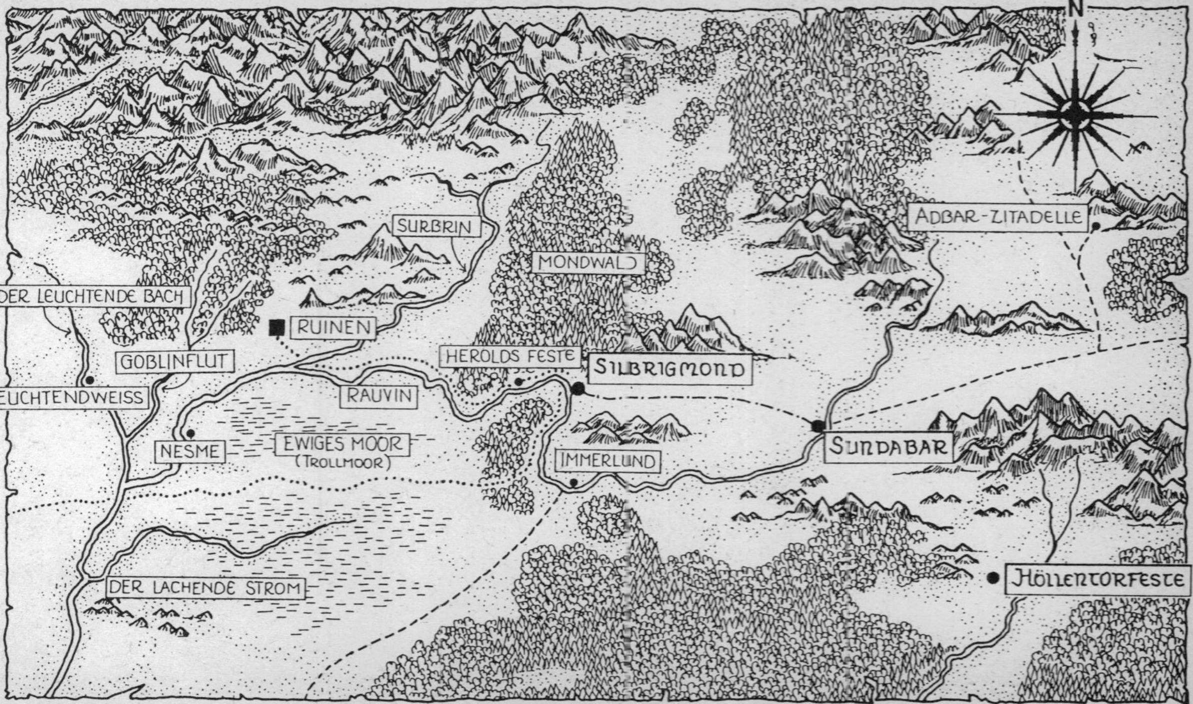
N
ADBAR-ZITADELLE
SURBRIN
MONDWALD
DER LEUCHTENDE BACH
RUINEN
HEROLDS FESTE
SILBRIGMOND
GOBLINFLUT
LEUCHTENDWEISS
RAUVIN
SUNDABAR
NESME
EWIGES MOOR
(TROLLMOOR)
IMMERLUND
DER LACHENDE STROM
HÖLLENTORFESTE

Die letzte Etappe

Die schwarze Kugel löste sich auf, und noch immer klammerte sich Regis an seinen Baumstamm, der inzwischen völlig verkohlt war. Er schüttelte den Kopf und seufzte: »Wir sind am Ende unserer Kräfte. Wir werden es nicht schaffen.«

»Nur Mut, Knurrbauch«, tröstete ihn Bruenor, während er durch das Wasser zu dem Halbling watete. »Was werden wir für tolle Geschichten unseren Enkeln erzählen können; und wenn wir nicht mehr da sind, werden es andere tun!«

»Meinst du etwa, sie reden noch heute über uns?« gab Regis zurück. »Oder leben wir heute vielleicht doch noch, aber morgen nicht mehr.«

Bruenor lachte und konnte den Baumstamm festhalten. »Wir werden schon nicht sterben, mein Freund«, versicherte er Regis mit einem abenteuerlustigen Grinsen. »Nicht, solange meine Aufgabe nicht erfüllt ist!«

Drizzt ging zu dem Wurm hinüber, um seine Pfeile zurückzuholen. Dabei fiel ihm auf, daß Wulfgar sich an den Kadaver lehnte. Aus der Entfernung sah es aus, als sei der junge Barbar einfach nur erschöpft, aber als er sich ihm näherte, hatte er eine andere Vermutung. Wulfgar schonte sich offensichtlich mit dieser Haltung, als hätte er am Bein oder vielleicht am Rücken eine Verletzung davongetragen.

Doch unter dem besorgten Blick des Dunkelelfen richtete

sich Wulfgar wieder auf und tat so, als wäre alles in Ordnung. »Laßt uns weitergehen«, schlug er vor und steuerte auf Bruenor und Regis zu. Dabei bemühte er sich angestrengt, sein Hinken zu verbergen.

Drizzt stellte ihm keine Fragen. Der junge Mann war so hart und zäh wie die Tundra mitten im Winter und zu selbstlos und zu stolz, um eine Verletzung zuzugeben, an der ohnehin nichts zu ändern war. Seine Freunde konnten nicht warten, bis er genesen war, und tragen konnten sie ihn erst recht nicht. Also würde er den Schmerz mit einer Grimasse abtun und sich dahinschleppen.

Und Wulfgar hatte sich tatsächlich verletzt. Bei seinem Sturz von dem Baum hatte er sich den Rücken verrenkt. In der Hitze des Gefechts hatte er sich mit ganzer Leidenschaft in den Kampf gestürzt und hatte die Schmerzen nicht gespürt. Aber jetzt bedeutete jeder Schritt eine Qual.

Drizzt erkannte das genauso deutlich wie die Verzweiflung in Regis' sonst so fröhlichem Gesicht und wie die Erschöpfung des Zwerges, der entgegen seiner optimistischen Prahlerei selbst seine Axt kaum halten konnte. Er ließ den Blick über das Moor schweifen. Es schien sich endlos lang in jede Richtung zu erstrecken, und zum ersten Mal fragte er sich, ob seine Freunde und er ihre Grenzen nicht überschritten hatten.

Guenhwyvar war bei dem Kampf unversehrt davongekommen. Der Panther war nur ein wenig mitgenommen, aber trotzdem schickte Drizzt ihn auf seine Ebene zurück, da er wußte, daß sich dieser in dem Sumpf nicht so gut bewegen konnte. Ihm wäre es lieber gewesen, wenn der umsichtige Panther bei ihnen geblieben wäre. Aber das Wasser war für die Katze zu tief, und deswegen würde sie von einem Baum zum nächsten springen müssen. Drizzt wußte, daß das nicht gutgehen konnte. Er mußte mit seinen Freunden daher allein weitergehen.

Nachdem sich die Gefährten ein wenig erholt und ihre Entschlossenheit bestärkt hatten, machten sie sich an die Arbeit. Der Dunkelelf untersuchte den Kopf des Wurms, um wenigstens einige der zwanzig Pfeile zu retten, die er abgeschossen hatte. Er wußte nur zu gut, daß er sie wieder brauchen würde, noch ehe sie das Moor hinter sich lassen konnten. Die drei anderen suchten die Baumstämme und ihr Gepäck zusammen.

Etwas später trieben die Freunde mit geringstmöglichem Kraftaufwand durch den Sumpf. Jeder Augenblick kostete sie Anstrengung, ein wachsames Auge auf die gefährliche Umgebung zu haben. Doch in der Hitze an diesem Tag und durch die sanften Schaukelbewegungen der Baumstämme auf dem ruhigen Wasser nickte außer Drizzt einer nach dem anderen ein.

Der Dunkelelf bewegte das behelfsmäßige Floß weiter und blieb wachsam. Sie konnten sich weder Verzögerungen noch Fehler erlauben. Glücklicherweise dehnte sich der Sumpf hinter der Lagune aus, und Drizzt mußte nur einige wenige Hindernisse überwinden. Nach einer Weile nahm er den Sumpf nur noch wie durch einen Schleier wahr. Seine müden Augen erkannten gerade noch ungefähre Umrisse und plötzliche Bewegungen im Schilf, aber kaum noch Einzelheiten.

Dennoch war er ein Krieger mit blitzschnellen Reflexen und einer nachtwandlerischen Disziplin. Die Wassertrolle schlugen plötzlich wieder zu, und die winzige Flamme in seinem Bewußtsein, die Drizzt Do'Urden geblieben war, rief ihn rechtzeitig in die Wirklichkeit zurück, so daß die Monster ihren Vorteil nicht nutzen konnten.

Auf seinen Schrei hin fuhren Wulfgar und Bruenor aus dem Schlaf und hielten sofort die Waffen in der Hand. Diesmal tauchten nur zwei Trolle aus dem Wasser auf, und die drei entledigten sich ihrer in Sekundenschnelle.

Regis verschlief den ganzen Kampf.

Der kühle Abend brach an und vertrieb endlich die Hitze des Tages. Bruenor traf die Entscheidung, sie sollten weiterfahren. Jeweils zwei sollten aufbleiben und das Floß anschieben, während sich die zwei anderen ausruhten.

»Regis kann nicht schieben«, wandte Drizzt ein. »Er ist zu klein für den Sumpf.«

»Er kann ja Wache halten, während ich schiebe«, bot Wulfgar selbstlos an. »Ich brauche dabei keine Hilfe.«

»Dann übernehmt ihr die erste Schicht«, ordnete Bruenor an. »Knurrbauch hat sowieso den ganzen Tag geschlafen. Er sollte wenigstens für ein, zwei Stunden was tun!«

Zum ersten Mal an diesem Tag kletterte Drizzt auf die Baumstämme und legte seinen Kopf auf sein Gepäck. Aber er schloß die Augen nicht einen Moment. Bruenors Plan, im Wechsel zu arbeiten, hörte sich zwar gut an, war aber nicht zu verwirklichen. In der tiefschwarzen Nacht konnte nur er sie führen und nach möglichen Gefahren Ausschau halten. Mehrmals während Wulfgars und Regis' Schicht hob der Dunkelelf den Kopf und informierte den Halbling über ihre Umgebung und gab ihm Ratschläge über die Richtung, die sie am besten einschlagen sollten.

In dieser Nacht kam Drizzt wieder nicht zum Schlafen. Er

gelobte sich, sich am Morgen auszuruhen, aber als endlich die Dämmerung anbrach, waren sie wieder von Bäumen und Schilf eingeschlossen. Die beklemmende Atmosphäre des Moors senkte sich über sie, als wäre es ein einziges, fühlendes Wesen, das sie beobachtete und mit aller Macht versuchte, ihre Überfahrt zu verhindern.

Trotzdem war der große Sumpf für die Gefährten von Vorteil. Die Überfahrt auf seiner spiegelglatten Oberfläche war weniger beschwerlich als ein Marsch in diesem Gelände, und nach ihrem zweiten Kampf mit den Wassertrollen trafen sie auf keine unmittelbaren Feindseligkeiten mehr. Als sie nach der tagelangen Überfahrt schließlich wieder verbranntes Land erreichten, hofften sie, daß sie den größten Teil des Ewigen Moors hinter sich gebracht hatten. Regis mußte auf den höchsten Baum klettern, den sie finden konnten, denn nur der Halbling war leicht genug, um in die höchsten Zweige zu gelangen (vor allem, nachdem er während ihrer Reise seinen dicken Bauch eingebüßt hatte). Ihre Hoffnungen wurden bestätigt. Am fernen östlichen Horizont, aber nicht weiter als einen oder zwei Tage entfernt, sichtete Regis Bäume – keine kleinen Birkenwälder, sondern einen dichten Wald mit Eichen und Ulmen.

Sie vergaßen ihre Erschöpfung und marschierten mit neuem Schwung vorwärts. Sie hatten wieder festen Boden unter sich und wußten, daß sie kein Lager mehr errichten mußten, während Horden von herumziehenden Trollen in der Nähe lauerten. Und obendrein wußten sie, daß sich die Zerreißprobe im Ewigen Moor ihrem Ende näherte. Sie waren nicht gewillt, sich kurz vor ihrem Ziel noch von den abscheulichen Bewohnern des Moors besiegen zu lassen.

»Wir sollten für heute Schluß machen«, schlug Drizzt vor, obwohl sie noch mehr als eine Stunde Zeit hatten, bis die Sonne verschwinden würde. Der Dunkelelf hatte bereits die Trolle gespürt, die sich in der Nähe sammelten, nachdem sie aus ihrem Tagesschlaf erwacht waren und den fremden Geruch der Besucher in ihrem Moor wahrgenommen hatten. »Wir müssen unseren Lagerplatz sorgfältig auswählen. Das Moor hat uns immer noch nicht freigegeben.«

»Wir verlieren mehr als eine Stunde«, bemerkte Bruenor, aber nicht, um einen Streit anzufangen, sondern um auf die negative Seite des Vorschlages hinzuweisen. Der Zwerg erinnerte sich nur zu gut an die schreckliche Schlacht auf dem Hügel und verspürte nicht den Wunsch, diese ungeheure Anstrengung noch einmal auf sich nehmen zu müssen.

»Morgen werden wir die Zeit wieder aufholen«, vertröstete ihn Drizzt. »Im Augenblick muß es unser Ziel sein, überhaupt zu überleben.«

Wulfgar stimmte ihm zu. »Der Gestank dieser ekelhaften Bestien wird mit jedem Schritt schlimmer«, sagte er, »und zwar von allen Seiten. Wir können vor ihnen nicht davonlaufen. Laßt uns also kämpfen.«

»Aber zu unseren Bedingungen«, fügte Drizzt hinzu.

»Dort drüben«, schlug Regis vor und zeigte auf einen stark bewachsenen Hügel.

»Zu offen«, meinte Bruenor. »Die Trolle können dort genauso leicht wie wir hinaufklettern, und wenn zu viele auf einmal kommen, werden wir sie kaum aufhalten können!«

»Aber nicht, wenn es brennt«, entgegnete Regis mit einem hintergründigen Lächeln, und seine Gefährten mußten seiner einfachen Logik zustimmen.

Den Rest des Tages verbrachten sie damit, sich für ihre Verteidigung zu rüsten. Wulfgar und Bruenor trugen soviel abgestorbenes Holz zusammen, wie sie finden konnten, und legten es in planvollen Reihen an, um die Wirkung eines Feuer zu vergrößern. Regis hingegen schlug auf dem Hügelgipfel eine Feuerschneise, und Drizzt hielt umsichtig Wache. Ihr Verteidigungsplan war einfach: Sie wollten die Trolle erst einmal kommen lassen, und dann sollte der ganze Hügel außerhalb ihres Lagers in Brand gesteckt werden.

Drizzt erkannte als einziger die Schwachstelle dieses Plans, aber ihm fiel kein besserer Vorschlag ein. Er hatte schon gegen Trolle gekämpft, bevor sie in dieses Moor geraten waren, und er wußte, wie dickköpfig diese niederträchtigen Bestien sein konnten. Wenn ihr Feuer schließlich ausgehen würde, und das würde lange vor der Dämmerung des nächsten Tages der Fall sein – waren er und seine Freunde den überlebenden Trollen ausgesetzt. Sie konnten nur hoffen, daß das Feuer und das sich anschließende Gemetzel etwaige andere Feinde abschrecken würden.

Wulfgar und Bruenor hätten sich gerne noch besser vorbereitet. Sie erinnerten sich nur zu lebhaft an die Schlacht auf dem Hügel, um sich mit den Verteidigungsmaßnahmen zufriedenzugeben, die sie bisher gegen das Moor und seine Bewohner ergriffen hatten. Aber bei Anbruch der Dämmerung richteten sich so viele gierige Blicke auf sie, daß sie sich zu Regis und Drizzt im Lager oben auf dem Hügel gesellten. Sie kauerten sich zusammen und verharrten in angespanntem Warten.

Eine Stunde verging, die den Freunden zehnmal so lange vorkam, und es wurde immer dunkler.

»Wo bleiben sie denn?« keifte Bruenor und schlug nervös mit der Hand gegen die Axt. Diese Ungeduld war für den alten Kämpfer ganz und gar nicht typisch.

»Ja, warum kommen sie nicht?« stimmte Regis zu, dessen Unruhe an Panik grenzte.

»Seid geduldig und dankbar«, redete Drizzt auf sie ein. »Je mehr wir von der Nacht hinter uns bringen, bevor es zum Kampf kommt, um so besser ist unsere Aussicht, die Dämmerung zu erleben. Vielleicht haben sie uns einfach noch nicht gefunden.«

»Viel wahrscheinlicher ist, daß sie sich erst sammeln, um dann gemeinsam auf uns loszugehen«, erwiderte Bruenor grimmig.

»Um so besser«, meinte Wulfgar, der ungerührt auf dem Boden hockte und in die Dunkelheit spähte. »Soll das Feuer doch so viel wie möglich von dem abscheulichen Blut zu fressen bekommen!«

Drizzt fiel auf, welch beruhigende Wirkung der große Mann mit seiner Entschlossenheit auf Regis und Bruenor ausübte. Der Zwerg schlug nicht mehr nervös auf die Axt, sondern hielt sie an seiner Seite ruhig für die bevorstehende Aufgabe bereit. Und Regis, der widerwilligste von ihnen allen, nahm mit einem Knurren seine kleine Keule in die Hand, und unter seinem festen Griff liefen seine Knöchel weiß an.

Eine weitere Stunde verging.

Die Warterei beeinträchtigte jedoch keineswegs die Wachsamkeit der Gefährten. Sie wußten, daß die Gefahr jetzt sehr nahe war, denn der Gestank, der im Nebel und in der Finsternis zu ihnen herüberwehte, wurde immer stärker.

»Zünde die Fackeln an«, sagte Drizzt zu Regis.

»Dann locken wir doch die Bestien meilenweit an!« wandte Bruenor ein.

»Sie haben uns bereits gefunden«, antwortete Drizzt und zeigte den Hügel hinunter, obwohl seine nachtblinden Freunde die Trolle, die er in der Dunkelheit auf sie zukommen sah, gar nicht erkennen konnten. »Vielleicht hält der Anblick der Fackeln sie zurück, und wir gewinnen dadurch mehr Zeit.«

Doch noch während er sprach, hatte der erste Troll den Hügel erklommen. Bruenor und Wulfgar warteten in der Hocke, bis das Monster fast vor ihnen stand, dann sprangen sie voll plötzlicher Wildheit auf. Axt und Kriegshammer gingen in einem unablässigen Hagel gut angebrachter und brutaler Hiebe nieder. Das Ungeheuer ging sofort zu Boden.

Regis hatte eine Fackel angezündet. Er warf sie Wulfgar zu, und der Barbar steckte den Troll, der sich am Boden wand, in Brand. Zwei andere Trolle, die die Hügelspitze erreicht hatten, stürzten beim Anblick der verhaßten Flammen in den Nebel zurück.

»Du hast ihnen unsere List einfach zu früh gezeigt!« stöhnte Bruenor. »Wir werden keinen einzigen erwischen, wenn die Fackeln so deutlich zu sehen sind!«

»Wenn das Feuer sie abschreckt, hat es uns gut gedient«, behauptete Drizzt, obwohl er es besser wußte. Auf diese Möglichkeit konnten sie nicht wirklich hoffen.

Plötzlich, als hätte das Moor sein Gift auf sie gespieen, säumte eine große Anzahl von Trollen den Fuß des Hügels. Von dem Feuer wurden sie zwar eingeschüchtert, schlichen sich aber trotzdem zaghaft, jedoch unaufhaltsam und vor Verlangen sabbernd den Hügel hinauf.

»Geduld«, ermahnte Drizzt seine Gefährten, als er ihren Eifer spürte. »Haltet sie hinter der Feuerschneise, aber laßt so viele wie möglich in die Gürtel mit dem Brennholz hinein.«

Wulfgar eilte zum Rand des Gürtels und schwenkte drohend seine Fackel.

Bruenor trat zur Unterstützung neben ihn. In den Händen hielt er seine letzten beiden Flaschen Öl, an denen öldurchtränkte Fetzen hingen. Auf seinem Gesicht zeigte sich ein ausgelassenes Lächeln. »Die Jahreszeit ist ein bißchen grün für einen Brand«, sagte er mit einem Augenzwinkern zu Drizzt. »Könnte ein wenig Nachhilfe nötig sein, um die Sache ins Rollen zu bringen!«

Von allen Seiten schwärmten Trolle auf sie zu. Die geifernde Horde kam entschlossen näher, und ihre Reihen wurden mit jedem Schritt dichter.

Drizzt rührte sich als erster. Eine Fackel in der Hand, lief er zu dem Brennholz und zündete es an. Wulfgar und Regis folgten sofort seinem Beispiel und legten so viele Brände wie möglich zwischen sich und die vorrückenden Trolle. Bruenor warf seine Fackel in die vordersten Reihen der Monster. Er hoffte, er könnte sie zwischen zwei Feuerstellen einkesseln. Schließlich schleuderte er seine Ölflaschen in die größten Zusammenballungen.

Flammen hüpften in den Nachthimmel empor und beleuchteten die Umgebung, vertieften jedoch auch die Schwärze jenseits ihrer Lichtkegel. Die Trolle standen so dicht nebeneinander, daß sie sich nicht einfach umdrehen und fliehen konnten. Die Flammen fielen systematisch über sie her, als verstünden sie die Situation.

Das Feuer breitete sich den Hügel hinunter durch den panischen Tanz der Trolle, die von ihm erfaßt wurden, weiter aus.

Weit und breit im riesigen Moor unterbrachen die Geschöpfe ihre nächtlichen Tätigkeiten und beobachteten die immer größer werdende Flammensäule und hörten auf die Schreie der sterbenden Trolle.

Dicht zuzammengekauert mußten die Gefährten auf dem Hügel feststellen, daß sie die starke Hitze auch kaum aushielten. Aber das Feuer erreichte schnell seinen Höhepunkt; es verzehrte das trockene Trollfleisch und verlosch allmählich. Zurück blieben ein widerlicher Gestank in der Luft und die geschwärzte Narbe eines weiteren Gemetzels auf dem Ewigen Moor.

Die Gefährten machten noch mehr Fackeln für ihre Flucht von dem Hügel bereit. Trotz des Feuers waren viele Trolle übriggeblieben, die sich auf sie stürzen würden, und die Freunde konnten nicht hoffen, sich zu behaupten, sobald die Flammen erloschen waren. Auf Drizzts Drängen hin warteten sie, bis der Fluchtweg auf der östlichen Seite des Hügels frei wurde, und kaum hatte er sich aufgetan, stürmten sie in die Nacht hinein. In einer plötzlichen Attacke brachen sie durch die ersten Reihen der ahnungslosen Trolle, bei der diese zerstreut wurden. Viele Brände blieben hinter ihnen zurück.

In die Nacht hinein liefen sie, stürzten sich blindlings durch Schlamm und Dornenbüsche und hofften, daß ihnen das Glück beistände und sie nicht in einen bodenlosen Sumpf fielen. Ihr Überraschungsangriff am Hügel war so erfolgreich gewesen, daß sie viele Minuten lang kein Zeichen von Verfolgung hörten.

Aber das Moor brauchte nicht lange, um sich zu erholen. Von allen Seiten drang Gestöhn und Gekreische auf sie ein.

Drizzt übernahm die Führung. Er verließ sich auf seine Instinkte und seine Augen, wandte sich mit seinen Freunden jeweils dorthin, wo der geringste Widerstand zu sein schien, während er gleichzeitig auf dem Weg nach Osten zu bleiben versuchte. Dabei nutzten sie die Angst der Monster aus und setzten alles in Brand, was auf ihrem Weg lag.

Sie gerieten in keine neue Gefahr, während sich die Nacht dahinschleppte, aber das Stöhnen und die saugenden Schritte nur einige Meter hinter ihnen ließen nicht nach. Schon bald begannen sie zu überlegen, ob sich nicht die Moorbewohner gemeinschaftlich gegen sie verschworen haben konnten, denn obwohl sie offensichtlich die Trolle weit hinter sich gelassen hatten, warteten andere darauf, sich der Jagd anzuschließen. Das Land war von einer Bösartigkeit durchdrungen, als ob das Ewige Moor ihr eigentlicher Feind sei. Von allen Seiten wurden sie von Trollen umzingelt, und das war für sie eine unmittelbare Bedrohung. Die Freunde vermuteten jedoch, daß das Moor immer ein abscheulicher Ort bleiben würde, selbst wenn die Trolle und alle anderen Moorbewohner tot oder vertrieben wären.

Die Morgendämmerung brachte keine Erleichterung mit sich. »Wir haben den Zorn des Moors selbst erregt«, schrie Bruenor, als er erkannte, daß die Jagd diesmal nicht so schnell zu Ende sein würde. »Wir werden keine Ruhe finden, bis wir seine verfluchte Grenze hinter uns gelassen haben!«

Und immer weiter liefen sie im Zickzack, umgeben von unheimlichen Gestalten, die auf sie zutaumelten. Andere liefen neben oder direkt hinter ihnen, grausam anzusehen und stets lauernd, daß einer von ihnen stolperte. Dichter Nebel brach über sie herein und verhinderte, daß sie sich zurechtfanden – ein weiterer Beweis ihrer Befürchtung, daß das Moor sich gegen sie erhoben hatte.

Ohne zu denken und zu hoffen, liefen sie weiter und überschritten ihre körperlichen und geistigen Grenzen, da ihnen keine andere Wahl blieb.

Regis, der kaum noch wahrnahm, was er tat, stolperte und stürzte zu Boden. Er merkte nicht einmal, daß seine Fackel wegrollte, noch konnte er sich vorstellen, wie er wieder aufstehen sollte oder daß er überhaupt auf dem Boden lag! Ein großer Mund senkte sich auf ihn herab, gierig auf ein Festmahl.

Aber dem heißhungrigen Monster wurde ein Strich durch die Rechnung gemacht. Wulfgar kam vorbei und hob den Halbling in seine kräftigen Arme. Der große Barbar krachte in den Troll, stieß ihn zur Seite, ohne das Gleichgewicht zu verlieren, und setzte seinen Weg fort.

In dieser Situation, die sich hinter ihm immer mehr zuspitzte, gab Drizzt es auf, sich über eine ausgeklügelte Taktik Gedanken zu machen. Mehr als einmal mußte er seinen Schritt verlangsamen, weil Bruenor ins Stolpern kam, und außerdem bezweifelte er, daß Wulfgar mit dem Halbling im Arm gut vorankam. Der erschöpfte Barbar war offensichtlich nicht einmal mehr in der Lage, Aegisfang zu heben, um sich zu verteidigen. Ihre einzige Chance war die direkte Flucht zur Grenze. Ein großer Sumpf oder ein tiefer Wasserlauf würde sie zu Fall bringen, aber selbst wenn sich ihnen keine natürlichen Hindernisse in den Weg stellten, war die Aussicht gering, daß sie sich die Trolle noch länger vom Hals halten konnten. Drizzt fürchtete sich vor der Entscheidung, die er auf sich zukommen sah: entweder sich selbst in Sicherheit zu bringen, denn nur er schien noch Aussichten auf eine erfolgreiche Flucht zu haben, oder bei seinen Freunden bis zu ihrem Untergang zu bleiben und sich einer Schlacht zu stellen, die sie unmöglich gewinnen konnten.

Und so liefen sie immer weiter. In der nächsten Stunde kamen sie gut voran, aber dann begann sich ihre stundenlange Flucht bemerkbar zu machen. Drizzt hörte Bruenor hinter sich murmeln; der Zwerg war offenbar in Wahnvorstellungen über seine Kindheit in Mithril-Halle verloren. Wulfgar, der noch immer den ohnmächtigen Halbling trug, schleppte sich dahin, betete dabei zu einem seiner Götter und bewegte seine Füße im Takt seines Singsangs.

Doch dann fiel Bruenor hin, niedergeschlagen von einem Troll, der unangefochten zu ihnen vorgedrungen war.

Die schicksalhafte Entscheidung fiel Drizzt auf einmal leicht. Er wirbelte mit gezogenen Krummsäbeln herum. Er konnte weder den schweren Zwerg tragen, noch konnte er die Horde von Trollen besiegen, die immer näher heranrückte. »Und so endet unsere Geschichte, Bruenor Heldenhammer!« schrie er. »In der Schlacht, wie es sich gehört!«

Wulfgar, benommen und nach Luft ringend, dachte über seinen nächsten Schritt gar nicht nach. Er reagierte einfach nur auf den Anblick, der sich ihm bot, und handelte aus dem Instinkt eines Mannes, der sich dickköpfig weigerte, sich selbst aufzugeben. Er wankte zu dem gestürzten Zwerg, der sich inzwischen mühsam hochgerappelt hatte, und hob ihn mit seinem freien Arm hoch. Zwei Trolle hatten sie auf ihrem Pfad eingeschlossen.

Drizzt Do'Urden war ganz in der Nähe, und die Heldentat des jungen Barbaren gab auch dem Dunkelelfen neue Kräfte. Siedende Flammen loderten wieder in seinen blauvioletten Augen auf, und seine Klingen schwirrten und vollführten ihren Totentanz.

Die zwei Trolle langten nach ihrem hilflosen Opfer und wollten es packen, aber nach einer einzigen blitzschnellen Bewegung von Drizzt hatten die Monster keine Arme mehr, mit denen sie hätten zugreifen können.

»Lauf weiter!« rief Drizzt, der sich hinter den Barbaren stellte und ihn mit einem unaufhaltsamen Strom aufrüttelnder Worte anspornte. In diesem letzten Ausbruch von Kampfeslust war dem Dunkelelfen alle Erschöpfung vergangen. Er sprang in immer wieder verschiedene Richtungen und rief den Trollen seine Herausforderung zu. Und jene, die darauf reagierten, wurden von seinen Klingen empfangen.

Obwohl er bei jedem Schritt vor Schmerzen stöhnte und seine Augen von seinem triefenden Schweiß brannten, stürmte Wulfgar blindlings voran. Er dachte nicht darüber nach, wie lange er mit seiner Last wohl noch das Tempo halten konnte. Er dachte nicht über den sicheren, schrecklichen Tod nach, der ihn wie ein Schatten von allen Seiten umgab und ihm womöglich bereits den Weg abgeschnitten hatte. Er dachte nicht über die quälenden Schmerzen in seinem verrenkten Rücken nach und auch nicht über die neuen, die er deutlich in der Kniekehle spürte. Er konzentrierte sich einzig und allein darauf, einen schweren Schritt vor den anderen zu setzen.

Knirschend bewegten sie sich durch Dornensträucher, liefen eine Anhöhe hinunter und schwenkten um eine andere herum. Ihre Herzen schlugen auf einmal höher, denn vor ihnen wurde der Wald, den Regis erspäht hatte, die Grenze des Ewigen Moors, undeutlich sichtbar. Aber zwischen ihnen und dem Wald wartete eine geschlossene Dreierreihe von Trollen auf sie.

Es war nicht einfach, der Gewalt des Ewigen Moors zu entrinnen.

»Geh einfach weiter«, flüsterte Drizzt Wulfgar leise ins Ohr, als befürchtete er, das Moor könne lauschen. »Ich habe noch eine List auf Lager.«

Wulfgar sah die geschlossenen Reihen vor sich, aber trotz seines gegenwärtigen Zustands war sein Vertrauen zu Drizzt zu groß, als daß er irgendwelche vernünftigen Einwände erhoben hätte. Er sicherte seinen Griff um Bruenor und Regis, senkte den Kopf und schrie den Bestien seine rasende Wut entgegen.

Als er die sabbernden Trolle fast erreicht hatte, die sich zusammendrängten, um ihn in seinem Eilmarsch aufzuhalten, spielte der Dunkelelf, der dicht hinter ihm lief, seinen letzten Trumpf aus.

Magische Flammen schossen aus dem Barbaren heraus. Zwar konnten sie weder Wulfgar noch die Trolle verbrennen, aber bei den sonst so furchtlosen Monstern löste der Anblick des riesigen, von Flammen umgebenen, wilden Mannes, der auf sie losstürmte, Panik aus.

Drizzt hatte den richtigen Zeitpunkt für den Zauber genau bestimmt und ließ den Trollen nicht einmal eine Sekunde, um auf den heranrückenden Feind zu reagieren. Sie teilten sich wie Wasser vor dem Bug eines Schiffes, und Wulfgar, der damit überhaupt nicht gerechnet hatte, verlor beinahe das Gleichgewicht und taumelte weiter. Drizzt heftete sich ihm an die Fersen.

In der Zeit, wo die Trolle sich neu gruppierten und die Verfolgung aufnehmen wollten, stieg ihre Beute bereits die letzte Anhöhe am Ewigen Moor hinunter und lief in den Wald hinein – in einen Wald, der unter dem Schutz von Lady Alustriel und ihren tapferen Silberrittern stand.

Am ersten Baum angelangt, drehte sich Drizzt um und hielt Ausschau nach ihren Verfolgern. Dichter Nebel wirbelte im Moor herum, als wäre eine Tür zu dem gefährlichen Land zugeschlagen worden. Kein Troll war durchgekommen.

Der Dunkelelf sank an dem Baum herab, zu erschöpft, um ein Lächeln zustande zu bringen.

Sternenlicht, Sternenglanz

Tief im Wald setzte Wulfgar Regis und Bruenor auf einer kleinen Lichtung ab, dann sank er schmerzerfüllt zu Boden. Drizzt kam einige Minuten später zu ihm.

»Wir müssen hier unser Lager aufschlagen«, sagte der Dunkelelf, »obwohl es mir lieber wäre, wenn wir mehr Abstand gewinnen könnten...« Er stockte, als er seinen jungen Freund sah, der von Schmerzen fast überwältigt war, sich auf dem Boden krümmte und sein verletztes Bein umklammerte. Drizzt eilte an seine Seite und untersuchte sein Knie. Seine Augen weiteten sich vor Entsetzen und Ekel.

Die Hand eines Trolls hatte sich an dem Barbaren festgekrallt und in der Kniekehle Halt gefunden. Wahrscheinlich gehörte sie einem der Ungeheuer, denen er die Arme abgeschnitten hatte, als Wulfgar Bruenor befreite. Ein Klauenfinger hatte sich bereits tief in das Bein gegraben, und zwei andere bohrten sich gerade hinein.

»Schau nicht hin«, riet Drizzt Wulfgar. Er holte eine Zunderbüchse aus seinem Beutel und setzte ein Stäbchen in Brand, mit dem er die entsetzliche Hand anstieß. Sobald sie zu qualmen und zu zucken begann, schob er sie von dem Bein und warf sie auf den Boden. Sie versuchte davonzuhuschen, aber Drizzt sprang ihr nach, hielt sie mit einem seiner Krummsäbel fest und verbrannte sie vollständig.

Er sah zu Wulfgar zurück, sprachlos über die Entschlossenheit, die es dem Barbaren ermöglicht hatte, mit einer solchen Wunde weiterzulaufen. Aber jetzt war ihre Flucht beendet, und Wulfgar hatte dem Schmerz und der Erschöpfung bereits nachgegeben. Er lag bewußtlos neben Bruenor und Regis.

»Schlaft gut«, wünschte Drizzt ihnen leise. »Ihr habt es euch redlich verdient.« Er ging zu ihnen und überzeugte sich bei jedem einzeln, daß sie keine schweren Verletzungen davongetragen hatten. Zufrieden, daß sie sich alle erholen würden, machte er sich daran, aufmerksam Wache zu halten.

Doch selbst der heldenhafte Dunkelelf hatte bei der eiligen Flucht aus dem Ewigen Moor die Grenzen seiner Ausdauer überschritten, und schon bald ließ auch er den Kopf hängen und schlummerte ein.

Am späten Morgen wurden sie durch Bruenors Geknurre geweckt. »Ihr habt meine Axt vergessen!« schrie der Zwerg voller Wut. »Ohne meine Axt kann ich keine stinkenden Trolle hacken!«

Drizzt reckte und streckte sich. Er fühlte sich etwas erfrischt, aber bei weitem noch nicht wirklich erholt. »Ich habe dir doch gesagt, du sollst die Axt nehmen«, sagte er zu Wulfgar, der jetzt auch den tiefen Schlaf von sich abschüttelte.

»Ich habe es dir unmißverständlich gesagt«, rügte Drizzt ihn im Spaß. »Nimm die Axt und laß den undankbaren Zwerg liegen.«

»Die Nase hat mich so verwirrt«, rechtfertigte sich Wulfgar. »Sie ist einem Axtkopf ähnlicher als jede Nase, die ich je zuvor gesehen habe!«

Bruenor sah unwillkürlich auf seinen langen Riecher. »Pah!« knurrte er. »Dann muß ich mir eben eine Keule suchen!« Und damit stapfte er in den Wald.

»Könnt ihr nicht mal ruhig sein!« keifte Regis, als die letzten Spuren seiner angenehmen Träume verflogen. Voller Ärger, daß er so früh geweckt wurde, rollte er sich auf die andere Seite und zog sich seinen Umhang über den Kopf.

Sie hätten noch am selben Tag Silbrigmond erreichen können, aber die Ruhe weniger Nachtstunden konnte nicht sofort die nervenaufreibende Zeit im Moor und die beschwerliche Reise zuvor vergessen lassen. Wulfgar konnte sich mit seinen Verletzungen am Rücken und am Bein nur noch mit einem Stock bewegen, und Drizzt hatte in dieser Nacht zum ersten Mal seit fast einer Woche Schlaf gefunden. Doch im Unterschied zum Moor schienen in diesem Wald auch keine Gefahren zu lauern. Und obwohl sie immer noch in der Wildnis waren, fühlten sie sich sicher genug, den Marsch zu der Stadt ruhig anzugehen, und so genossen sie zum ersten Mal seit ihrem Aufbruch von Zehn-Städte einen gemütlichen Spaziergang.

Am Mittag des nächsten Tages verließen sie den Wald und legten schnell auch die letzten Meilen nach Silbrigmond zurück. Vor Sonnenuntergang erreichten sie die letzte Anhöhe und sahen auf den Fluß Rauvin und die unzähligen Türme der verzauberten Stadt hinunter.

Bei diesem herrlichen Anblick kamen in ihnen Hoffnung und Erleichterung auf, aber bei keinem war dieses Gefühl so stark wie bei Drizzt Do'Urden. Der Dunkelelf hatte bereits bei den frühesten Planungen ihres Abenteuers gehofft, daß ihr Weg sie auch durch Silbrigmond führen würde, obwohl er nichts gesagt hatte, um Bruenor in seinen Entscheidungen wegen der Route nicht zu beeinflussen. Bereits bei seiner Ankunft in Zehn-Städte hatte Drizzt von Silbrigmond gehört, und wäre da nicht die Tatsache gewesen, daß er in der rauhen Siedlung in der Wildnis ein gewisses Maß an Toleranz erfahren hatte, hätte er sich sofort zu dieser Stadt auf den Weg gemacht. Die Bewohner von Silbrigmond waren berühmt dafür, daß sie jeden, der auf der Suche nach Wissen kam, aufnahmen, welcher Rasse auch immer er angehörte. Dem abtrünnigen Nachtelfen versprach dies eine echte Aussicht, eine neue Heimat zu finden.

Viele Male hatte er bereits in Erwägung gezogen, sich zu dieser Stadt auf den Weg zu machen, aber etwas in ihm, vielleicht die Angst, sich falschen Hoffnungen hinzugeben oder die Erwartungen nicht erfüllt zu sehen, hatte ihn abgehalten, die Sicherheit von Eiswindtal aufzugeben. Als dann in Langsattel Silbrigmond als nächstes Ziel ausgewählt wurde, hatte Drizzt sich plötzlich wieder mit seinem Traum konfrontiert gesehen, den er niemals zu Ende zu denken gewagt hatte. Angesichts dieser einen Hoffnung, in der Welt doch noch echte Anerkennung zu finden, bezwang er tapfer seine Befürchtungen.

»Die Mondbrücke«, bemerkte Bruenor, als eine Kutsche scheinbar in der Luft zu schweben schien, als sie den Rauvin überquerte. Bruenor hatte schon als Junge von diesem unsichtbaren Bauwerk gehört, es aber niemals mit eigenen Augen gesehen.

Wulfgar und Regis beobachteten die fliegende Kutsche voll sprachloser Verblüffung. Der Barbar hatte während seines Aufenthalts in Langsattel seine Angst vor der Magie zum Großteil überwunden und freute sich wirklich darauf, diese legendäre Stadt zu erforschen. Regis war bereits hier gewesen; aber die Tatsache, daß er die Stadt kannte, minderte keineswegs seine Aufregung.

Trotz ihrer Erschöpfung waren sie gespannt und aufgeregt, als sie den Wachposten am Rauvin erreichten. Es war der gleiche Posten, den Entreris Gruppe vier Tage zuvor passiert hatte, und es waren die gleichen Wächter, die der bösen Gruppe zuvor den Einlaß in die Stadt erlaubt hatten.

»Ich grüße euch!« entbot Bruenor seinen Gruß in einem Ton, der bei dem mürrischen Zwerg freundlich genannt werden konnte. »Und wisset, daß der Anblick dieser schönen Stadt meinem Herzen neues Leben einflößt!«

Die Wächter hörten ihm kaum zu, denn ihre Aufmerksamkeit galt dem Dunkelelfen, der seine Kapuze jetzt zurückgeworfen hatte. Sie wirkten zwar neugierig, denn sie hatten bisher niemals einen Nachtelfen gesehen, waren aber über seine Ankunft nicht besonders überrascht.

»Können wir jetzt zu der Mondbrücke geführt werden?« fragte Regis nach einem längeren Schweigen, das zunehmend unbehaglich wurde. »Ihr könnt euch gar nicht vorstellen, wie aufgeregt wir sind, Silbrigmond zu besichtigen. Wir haben so viel über diese Stadt gehört!«

Drizzt ahnte jedoch, was kommen würde. Wut stieg in ihm auf.

»Geht weg!« befahl der Wächter ruhig. »Ihr dürft hier nicht passieren.«

Bruenors Gesicht lief vor Zorn rot an, aber Regis unterbrach seinen Wutausbruch. »Wir haben sicherlich nichts verbrochen, daß so ein hartes Urteil über uns gefällt werden müßte«, protestierte der Halbling ruhig. »Wir sind einfache Reisende, die keinen Ärger suchen.« Seine Hand fuhr zu seiner Jacke und zu dem magischen Rubin, aber ein finsterer Blick von Drizzt hielt ihn von seinem Vorhaben ab.

»Euer Ruf scheint besser zu sein als eure Taten«, sagte Wulfgar zu den Wächtern.

»Es tut mir leid«, erwiderte einer von ihnen, »aber ich befolge nur meine Anweisungen.«

»Wegen uns oder wegen des Dunkelelfen?« fragte Bruenor.

»Wegen des Dunkelelfen«, antwortete der Wächter. »Ihr anderen könnt die Stadt betreten, aber dem Dunkelelfen ist es nicht gestattet.«

Drizzt spürte, wie die Hoffnung in ihm zerbröckelte. Seine Hände, die er an seinen Seiten hielt, zitterten. Niemals zuvor hatte er einen solchen Schmerz empfunden, denn niemals zuvor hatte er wie jetzt einen Ort aufgesucht, ohne auf eine Ablehnung gefaßt zu sein. Dennoch gelang es ihm, seine augenblickliche Wut zu beherrschen und sich in Erinnerung zu rufen, daß es trotz allem Bruenors Abenteuer war und nicht seines.

»Ihr Hunde!« schrie Bruenor. »Der Elf ist hundertmal wertvoller als ihr, ja noch mehr. Ich verdanke ihm unzählige Male mein Leben, und ihr behauptet, daß er für eure stinkende Stadt nicht gut genug ist! Wie viele Trolle hast du denn wohl mit deinem Schwert niedergemacht?«

»Beruhige dich, mein Freund«, unterbrach ihn Drizzt, der sich jetzt wieder völlig in der Gewalt hatte. »Ich hatte damit gerechnet. Sie können Drizzt Do'Urden nicht kennen. Sie kennen nur den Ruf meines Volkes. Man kann ihnen keine Schuld geben. Also geh in die Stadt. Ich werde hier auf dich warten.«

»Nein!« verkündete Bruenor in einem Ton, der keinen Widerspruch duldete. »Wenn dir der Eintritt verboten ist, geht keiner von uns!«

»Denk an unser Ziel, dickköpfiger Zwerg«, ermahnte ihn Drizzt. »Das Gewölbe der Weisen ist in dieser Stadt. Es ist vielleicht unsere einzige Hoffnung.«

»Pah!« schnaubte Bruenor. »Zur Hölle mit dieser verfluchten Stadt und allen, die hier leben! Sundabar ist höchstens eine Woche von hier entfernt. Helm, der Freund der Zwerge, wird uns herzlicher aufnehmen, oder ich bin ein bärtiger Gnom!«

»Du solltest gehen«, redete Wulfgar auf ihn ein. »Wir dürfen uns unsere Pläne nicht durch unseren Zorn vereiteln lassen. Aber ich bleibe bei Drizzt. Wenn er dort nicht hingehen darf, dann weigert sich Wulfgar, Sohn von Beornegar, einen Fuß dorthin zu setzen!«

Mit einem entschlossenen Stampfen hatten Bruenors stämmige Beine ihn jedoch bereits zu der Straße, die aus der Stadt führte, getragen. Regis zuckte mit den Schultern und folgte ihm. Wie die anderen auch, stand er treu zu dem Dunkelelfen.

»Schlagt euer Lager auf, wo ihr wollt, und habt keine Angst«, bot der Wächter ihnen fast entschuldigend an. »Die Silberritter werden euch weder stören, noch werden sie zulassen, daß sich irgendwelche Ungeheuer den Grenzen von Silbrigmond nähern.«

Drizzt nickte; denn wenn der Stachel der Ablehnung auch noch schmerzte, begriff er doch, daß der Wächter keine Möglichkeit hatte, die unglückliche Situation zu ändern. Langsam machte er kehrt, und die beunruhigenden Fragen, denen er so viele Jahre ausgewichen war, stürmten erneut auf ihn ein.

Wulfgar war nicht so versöhnlich. »Ihr beurteilt ihn falsch«, sagte er zu dem Wächter, nachdem Drizzt verschwunden war. »Niemals hat er sein Schwert gegen irgend jemanden erhoben, der es nicht verdient hat, und diese Welt, deine und meine, ist mit Drizzt Do'Urden besser dran!«

Der Wächter sah weg; er war unfähig, auf die gerechtfertigte Rüge zu antworten.

»Und ich stelle die Ehre eines Mannes in Frage, der ungerechte Befehle ausführt«, verkündete Wulfgar.

Jetzt warf der Wächter dem Barbaren einen wütenden Blick zu. »Die Gründe der Herrscherin dürfen nie angezweifelt werden«, gab er zurück und legte seine Hand auf den Griff seines Schwertes. Zwar konnte er den Zorn der Reisenden gut verstehen, aber eine Kritik an Lady Alustriel, seiner geliebten Führerin, nahm er nicht ohne weiteres hin. »Ihre Befehle folgen einer rechtschaffenen Gesinnung und gehen über deine und meine Weisheit!« knurrte er.

Wulfgar reagierte auf die Drohung ohne jede Besorgnis. Er drehte sich um und folgte seinen Freunden die Straße hinunter.

Bruenor entschied mit Absicht, ihr Lager am Rauvin in Sichtweite des Wachpostens aufzuschlagen. Er hatte das Unbehagen der Wächter, daß sie sie abweisen mußten, gespürt, und er wollte ihre Schuldgefühle noch verstärken.

»Sundabar wird uns den Weg weisen«, wiederholte er unentwegt, nachdem sie gegessen hatten, und versuchte seine Freunde und sich zu überzeugen, daß ihr Pech in Silbrigmond ihre Suche nicht beeinträchtigen würde. »Und dahinter liegt die Zitadelle Adbar. Wenn überhaupt jemand in den Welten etwas von Mithril-Halle weiß, dann sind es Harbromm und die Zwerge von Adbar!«

»Ein langer Weg«, bemerkte Regis. »Der Sommer wird wohl zu Ende gehen, bevor wir König Harbromms Feste erreichen.«

»Sundabar«, wiederholte Bruenor dickköpfig. »Und Adbar, wenn es sein muß!«

Eine Zeitlang verlief die Unterhaltung der beiden noch in diesen Bahnen. Wulfgar beteiligte sich nicht daran. Er war zu sehr mit Gedanken über den Dunkelelfen beschäftigt, der sich direkt nach dem Essen – das er kaum angerührt hatte – vom Lager entfernt hatte und jetzt auf die Stadt oberhalb des Rauvins starrte.

Bruenor und Regis legten sich zum Schlafen nieder. Sie waren zwar noch wütend, fühlten sich aber sicher genug, sich ihrer Müdigkeit hinzugeben. Wulfgar ging zu dem Dunkelelfen hinüber.

»Wir werden Mithril-Halle schon finden«, begann er tröstend, obwohl er sehr gut wußte, daß Drizzts Traurigkeit nichts mit diesem Ziel zu tun hatte.

Drizzt nickte, gab aber keine Antwort.

»Ihre Ablehnung hat dich verletzt«, stellte Wulfgar fest. »Ich dachte immer, du hättest dich bereitwillig deinem Schicksal gefügt. Warum ist es diesmal anders?«

Wieder machte der Dunkelelf keine Anstalten, ihm zu antworten.

Wulfgar respektierte seinen Wunsch, allein zu sein. »Faß Mut, Drizzt Do'Urden, getreuer Freund. Vertraue darauf, daß jene, die dich kennen, für dich oder an deiner Seite sterben würden.« Er legte eine Hand auf Drizzts Schulter, als er sich zum Gehen wandte.

Drizzt sagte nichts, obwohl ihm Wulfgars Anteilnahme wirklich wohltat. Ihre Freundschaft ging inzwischen über die Notwendigkeit hinaus, einen Dank auszusprechen, und Wulfgar hoffte nur, daß er seinem Freund ein wenig Trost spenden konnte. Er kehrte zum Lager zurück und ließ Drizzt mit seinen Gedanken in Ruhe.

Die Sterne kamen zum Vorschein und fanden den Dunkelelfen, der immer noch allein am Rauvin stand. Drizzt hatte sich zum ersten Mal seit seinen ersten Erfahrungen auf der Oberfläche verwundbar gemacht, und die Enttäuschung, die er jetzt verspürte, hatte jene Zweifel wieder hervorgelockt, von denen er geglaubt hatte, sie vor Jahren gelöst zu haben, bevor er überhaupt Menzoberranzan, die Stadt der schwarzen Elfen, verlassen hatte. Wie hatte er überhaupt die Hoffnung hegen können, in der sonnenbeschienenen Welt der hellhäutigen Elfen normal leben zu können? In Zehn-Städte, wo Mörder und Diebe häufig zu achtbaren Männern wurden und zu führenden Positionen aufstiegen, wurde er gerade noch geduldet. In Langsattel, wo in Anbetracht der ungeheuren Neugierde der wissensdurstigen Harpells Vorurteile zweitrangig waren, war er wie ein Wesen von ihrer Experimentierfarm zur Schau gestellt und innerlich untersucht und auseinandergenommen worden. Und wenn die Zauberer ihm auch nichts Böses gewollt hatten, so hatte ihnen doch jegliches Mitgefühl und jede Achtung vor ihm gefehlt. Für sie war er nichts anderes als eine Merkwürdigkeit gewesen, die es zu erforschen galt.

Und jetzt hatte ihn Silbrigmond abgewiesen, eine Stadt, die sich auf das Recht des einzelnen und die Grundsätze der Gerechtigkeit berief, wo Angehörige aller Rassen willkommen geheißen wurden, solange sie mit guten Absichten kamen. Alle Rassen, so schien es, aber nicht die Dunkelelfen.

Das Unvermeidliche, ein Leben als Ausgestoßener zu führen, hatte sich ihm niemals so deutlich offenbart. Außer am äußersten Rande der Zivilisation konnte nirgendwo in den ganzen Welten eine Stadt, ja nicht einmal ein abgelegenes Dorf, ein Zuhause oder eine Existenz bieten. Die Einschränkung seiner Lebensbedürfnisse und, was noch schlimmer war, die Aussichtslosigkeit, daß sich in der Zukunft etwas verändern könnte, erschreckten ihn.

Jetzt stand er unter den Sternen und sah zu ihnen empor mit solch einer tiefen Liebe und Ehrfurcht, wie es für einen seiner Vettern auf der Oberfläche kaum möglich war. Aber gleichzeitig überlegte er sich aufrichtig, ob seine Entscheidung, die Unterwelt zu verlassen, überhaupt richtig gewesen war.

Hatte er gegen einen göttlichen Plan gehandelt und die Grenzen einer natürlichen Ordnung übertreten? Vielleicht hätte er sein Schicksal annehmen und in der dunklen Stadt bei seiner Art bleiben sollen.

Ein Funkeln am Nachthimmel weckte ihn aus seinen Grübeleien. Ein Stern über ihm pulsierte, wuchs und hatte schon seine normale Größe überschritten. Sein Glanz tauchte die Umgebung um Drizzt herum in ein weiches Licht, und immer weiter wuchs er.

Dann war das verzauberte Licht verschwunden, und vor Drizzt stand eine wunderschöne Frau. Ihr Haar glänzte silbern, und ihre strahlenden Augen zeugten von Jahren der Erfahrung und Weisheit und doch einem Glanz ewiger Jugend. Sie war groß, größer als Drizzt, und stand aufrecht da; sie trug ein Gewand aus feinster Seide und eine hohe Krone aus Gold und Edelsteinen.

Die Frau sah auf ihn mit aufrichtigem Mitgefühl herab, als könnte sie jeden seiner Gedanken lesen und das Durcheinander seiner Gefühle verstehen, über das er sich selber noch Klarheit verschaffen mußte.

»Frieden, Drizzt Do'Urden«, sprach sie ihn mit einer Stimme wie süße Musik an. »Ich bin Alustriel, Herrscherin über Silbrigmond.«

Drizzt musterte sie aufmerksam, obwohl er bei ihrem Gebaren und ihrer Schönheit keinen Zweifel über diese Behauptung hegte. »Du hast von mir gehört?« fragte er.

»Inzwischen haben viele von den Gefährten der Halle gehört, denn das ist der Name, den Harkle Harpell euch gegeben hat. Ein Zwerg auf der Suche nach seiner uralten Heimat ist in den Welten nicht so außergewöhnlich, aber ein Dunkelelf an seiner Seite erregt die Aufmerksamkeit aller, bei denen er vorbeikommt.«

Sie schluckte mühsam. »Ich war es, der dir den Eintritt in die Stadt verweigert hat«, bekannte sie.

»Und warum kommst du denn dann jetzt zu mir?« fragte Drizzt, eher aus Neugierde als aus Wut und unfähig, jene Ablehnung mit der Person, die jetzt vor ihm stand, in Einklang zu bringen. Alustriel war für ihren Gerechtigkeitssinn und ihre Toleranz im ganzen Norden berühmt, und Drizzt hatte nach seiner Begegnung mit den Wächtern zuerst angefangen, die Geschichten über sie für übertrieben zu halten. Aber jetzt, als er die Herrscherin sah, wie sie ihm ihr aufrichtiges Mitgefühl offen bekundete, konnte er die Geschichten doch nicht völlig verwerfen.

»Ich hielt es für notwendig, meine Entscheidung zu erklären«, erwiderte sie.

»Du brauchst deine Entscheidung nicht zu rechtfertigen.«

»Aber ich muß es«, widersprach Alustriel. »Für mich, für meine Heimat und auch für dich. Die Ablehnung hat dich tiefer getroffen, als du zugibst.« Sie ging näher auf ihn zu.

»Es hat mir genauso weh getan«, bekannte sie leise.

»Warum dann?« herrschte Drizzt sie an, dessen Wut auf einmal durch seine ruhige Fassade brach. »Wenn du von mir weißt, dann weißt du auch, daß ich für dein Volk keine Gefahr darstelle.«

Sie fuhr mit ihrer kühlen Hand über seine Wange. »Vorsichtsmaßnahmen«, erklärte sie. »Im Norden haben sich Kräfte erhoben, bei denen gerade in dieser Zeit Vorsichtsmaßnahmen lebensnotwendig sind. Deswegen müssen wir auch Entscheidungen treffen, die sich über das, was gerecht ist, hinwegsetzen. Dir wurde deshalb ein Opfer aufgedrängt.«

»Ein Opfer, das mir nur allzu vertraut ist.«

»Ich weiß«, flüsterte Alustriel. »Wir haben aus Nesme erfahren, daß man dich dort abgewiesen hat, und das ist eine Situation, die du fast immer erlebst.«

»Ich rechne damit«, sagte Drizzt kühl.

»Aber nicht hier«, gab Alustriel zurück. »Du hast es von Silbrigmond weder erwartet, noch hättest du Grund dazu gehabt.«

Ihr Feingefühl bewegte Drizzt. Seine Wut verflog, während er auf ihre Erklärung wartete. Er war überzeugt, daß die Frau einen guten Grund für ihre Entscheidung hatte.

»Es sind hier viele Kräfte am Wirken, die dich nicht betreffen und auch nicht sollten«, begann sie. »Kriegsgefahren und heimliche Bündnisse, Gerüchte und Verdächtigungen, die eigentlich jeder Grundlage entbehren und für vernünftige Personen keinen Sinn ergeben. Ich bin kein großer Freund der Händler, obwohl sie sich in Silbrigmond frei bewegen können. Sie fürchten sich vor unseren Ideen und Idealen und sehen sie als Bedrohung ihrer Machtstrukturen an, und damit haben sie auch recht. Sie sind sehr mächtig und sähen es lieber, wenn Silbrigmond ihren Vorstellungen entspräche.

Aber genug davon. Wie ich bereits sagte, berührt dich das alles nicht. Ich bitte dich lediglich um Verständnis, daß ich als Führerin meiner Stadt zuweilen gezwungen bin, Entscheidungen für das Allgemeinwohl zu treffen, gleichgültig, wie hoch der Preis für den einzelnen sein kann.«

»Du fürchtest dich vor den Lügen und Verdächtigungen, die man dir vorwerfen könnte, wenn sich ein schwarzer Elf in Silbrigmond aufhielte?« fragte Drizzt ungläubig. »Einfach einem Dunkelelfen erlauben, sich unter deinem Volk frei zu bewegen, würde dich bereits in den Verdacht eines teuflischen Bündnisses mit der Unterwelt bringen?«

»Du bist nicht irgendein Dunkelelf«, erklärte Alustriel. »Du bist Drizzt Do'Urden, und das ist ein Name, der dazu bestimmt ist, in den ganzen Welten gehört zu werden. Aber noch bist du einfach ein Dunkelelf, von dem die Herrscher im Norden immer öfter hören. Zumindest anfangs fehlt ihnen jedoch jedes Verständnis dafür, daß du dein Volk verlassen hast.

Und es hat den Anschein, als ob diese Geschichte noch verworrener wird«, fuhr Alustriel fort. »Weißt du, daß ich zwei Schwestern habe?«

Drizzt schüttelte den Kopf.

»Storm, sie ist als Barde berühmt, und Taube Falkenhand. Beide interessieren sich für den Namen Drizzt Do'Urden – Storm für die wachsende Legende, die ein gutes Lied nötig hat, und Taube... ich bin mir über ihre Beweggründe noch nicht ganz im klaren. Ich glaube, du bist für sie ein Held geworden, der Inbegriff aller Eigenschaften, die sie zu vervollkommnen anstrebt. Sie wußte von deinem Kommen und ist heute morgen in der Stadt eingetroffen.

Taube ist sehr viel jünger als ich«, erzählte Alustriel weiter, »und vermag die politischen Machenschaften der einzelnen Länder nicht so zu durchschauen.«

»Sie hätte mich aufsuchen können«, überlegte Drizzt, der erkannte, welche Verwicklungen Alustriel befürchtete.

»Das wird sie auch irgendwann«, antwortete sie. »Aber ich kann es nicht jetzt und auch nicht in Silbrigmond zulassen.« Alustriel sah ihn aufmerksam an, und ihr Blick ließ tiefere, persönlichere Gefühle erkennen. »Und überdies hätte auch ich eine Unterredung mit dir gesucht, so wie ich es jetzt tue.«

Die Auswirkungen eines solchen Treffens in der Stadt angesichts der politischen Machenschaften schienen Drizzt jetzt offenkundig. Er verstand, worauf Alustriel hingewiesen hatte. »Vielleicht zu einer anderen Zeit und an einem anderen Ort«, meinte er. »Stört es dich so sehr?«

Sie antwortete ihm mit einem Lächeln. »Keineswegs.«

Zufriedenheit und Beklommenheit stiegen gleichzeitig in Drizzt auf. Wieder sah er zu den Sternen empor und fragte sich, ob er jemals die ganze Wahrheit über seine Entscheidung, auf der Oberfläche zu leben, herausfinden könnte oder ob sein Leben für immer ein Durcheinander aus verlokkender Hoffnung und zerschlagenen Erwartungen bleiben mußte.

Schweigsam standen sie eine Zeitlang da, bis Alustriel fortfuhr.

»Ihr seid gekommen, um das Gewölbe der Weisen aufzusuchen«, sagte sie, »und um etwas über Mithril-Halle herauszufinden.«

»Ich habe den Zwerg bedrängt, er solle allein gehen«, antwortete Drizzt. »Aber er ist ein Dickkopf.«

»Das habe ich mir gedacht«, lachte Alustriel. »Aber ich wollte auch nicht, daß meine Entscheidung eure höchst ehrenhafte Suche beeinträchtigt. Ich habe selber im Gewölbe gestöbert. Du kannst dir nicht vorstellen, wie groß es ist! Bei den Tausenden von Büchern, die in den Regalen stehen, hättet ihr nicht einmal gewußt, wo ihr mit der Suche anfangen sollt. Aber ich kenne das Gewölbe besser als jedes andere Lebewesen. Ich habe Dinge erfahren, für die du mit deinen Freunden Wochen gebraucht hättest, um sie herauszufinden. Aber es ist wirklich sehr wenig über Mithril-Halle geschrieben worden, und nirgendwo gibt es den kleinsten Hinweis, wo es ungefähr liegen könnte.«

»Dann war es wohl besser, daß ihr uns abgewiesen habt.«

Alustriel errötete vor Verlegenheit, obwohl Drizzt mit seiner Bemerkung nicht ironisch sein wollte. »Meine Wächter haben mich informiert, daß ihr weiter nach Sundabar ziehen wollt.«

»Das stimmt«, antwortete Drizzt, »und von dort aus zur Zitadelle Adbar, wenn es sein muß.«

»Ich muß euch jedoch von diesem Weg abraten«, sagte Alustriel. »Aufgrund dessen, was ich im Gewölbe finden konnte, und aufgrund meines Wissens von den Legenden über die Zeiten, als aus Mithril-Halle die Schätze flossen, vermute ich, daß es im Westen liegt und nicht im Osten.«

»Wir kommen gerade aus dem Westen, und unsere Suche nach Personen mit Wissen über die silbernen Hallen hat uns unentwegt gen Osten geführt«, wandte Drizzt dagegen ein. »Abgesehen von Silbrigmond sind unsere einzigen Hoffnungen Helm und Harbromm, und beide leben im Osten.«

»Helm wird euch vielleicht etwas erzählen können«, stimmte Alustriel zu. »Aber von König Harbromm und den Zwergen von Adbar werdet ihr kaum etwas erfahren. Sie haben vor einigen Jahren eine Suche nach der uralten Heimat von Bruenors Sippe unternommen und sind auf ihrer Reise durch Silbrigmond gekommen und gen Westen weitergezogen. Aber sie haben nichts gefunden und sind mit der Überzeugung nach Hause zurückgekehrt, daß Mithril-Halle entweder zerstört wurde oder tief in einem unbekannten Berg vergraben liegt und daß sie vielleicht sogar niemals existiert hat und daß es lediglich eine List von Händlern aus dem Süden war, die mit diesen Legenden ihre Waren im Norden verkauft haben.«

»Du stellst uns nicht viel Hoffnung in Aussicht«, bemerkte Drizzt.

»Keineswegs«, entgegnete Alustriel. »Westlich von hier liegt an einem Pfad nördlich vom Rauvin Herolds Feste, in der seit Urzeiten Wissen gesammelt wird. Der Herold, Altnacht, kann euch beraten, falls überhaupt jemand in diesen Zeiten dazu in der Lage ist. Ich habe ihn von eurem Kommen in Kenntnis gesetzt, und er hat sich einverstanden erklärt, euch zu empfangen – und das, obwohl er seit Jahrzehnten keine Gäste aufnimmt, abgesehen von mir und einigen wenigen auserwählten Gelehrten.«

»Wir stehen in deiner Schuld«, sagte Drizzt und verneigte sich tief.

»Erhoffe dir nicht zuviel davon«, warnte Alustriel. »In der Geschichte dieser Welt kam und ging Mithril-Halle wie ein Blitz. Die Zwerge dort haben vielleicht drei Generationen lang Mithril abgebaut, wobei ich dir versichern kann, daß eine Zwergengeneration eine sehr lange Zeitspanne ist. Außerdem sind sie mit ihren Arbeiten nur sehr vorsichtig an die Öffentlichkeit getreten. Nur selten erlaubten sie Außenseitern Einlaß in ihre Minen, falls die Geschichten stimmen. Mitten in der Nacht schleusten sie ihre Waren mittels einer geheimen und komplizierten Kette von Zwergenagenten nach draußen, von denen sie auf den Markt gebracht wurden.«

»Sie haben sich vor der gierigen Außenwelt gut geschützt«, stellte Drizzt fest.

»Aber die Ursache ihres Untergangs lag in den Minen selbst«, warnte Alustriel. »Die unbekannte Gefahr kann dort immer noch lauern, sei dir darüber im klaren.«

Drizzt nickte.

»Und du willst immer noch dorthin?«

»Die Schätze interessieren mich nicht, aber falls sie wirklich so herrliche sind, wie Bruenor sie beschreibt, dann würde ich sie mir gerne einmal ansehen. Wir beteiligen uns an der Suche des Zwerges, an seinem großen Abenteuer, und ich wäre ein erbärmlicher Freund, wenn ich ihm nicht zur Seite stände.«

»Das trifft auf dich wahrlich nicht zu, Drizzt Do'Urden«, sagte Alustriel. Sie zog eine kleine Phiole aus ihrem Gewand hervor. »Nimm dies mit!«

»Was ist das?«

»Ein Erinnerungstrank«, erklärte Alustriel. »Der Zwerg soll ihn aber erst nehmen, wenn die Antworten auf eure Fragen greifbar zu sein scheinen. Hüte dich, er ist unglaublich stark! Bruenor wird sich eine Zeitlang in den Erinnerungen seiner weit entfernten Vergangenheit und gleichzeitig in den Erfahrungen seiner Gegenwart befinden.

Und das«, fuhr sie fort und holte einen kleinen Beutel hervor und gab ihn Drizzt, »ist für euch alle. Eine Wundsalbe und Gebäck, das den erschöpften Reisenden stärkt.«

»Ich danke dir, auch im Namen meiner Freunde«, sagte Drizzt.

»Angesichts der schrecklichen Ungerechtigkeit, die ich über dich gebracht habe, sind diese Geschenke nur ein kleiner Ausgleich.«

»Aber die Anteilnahme ihres Gebers ist ein gewaltiges Geschenk«, erwiderte Drizzt. Er sah ihr direkt in die Augen und hielt sie mit seiner Intensität fest. »Du hast meine Hoffnung erneuert, Herrscherin von Silbrigmond. Du hast mich daran erinnert, daß es wirklich eine Belohnung für jene gibt, die dem Weg des Gewissens folgen, und daß es ein Schatz sein wird, der viel kostbarer ist als die materiellen Nippsachen, die so häufig ungerechten Menschen in die Hände fallen.«

»Die gibt es fürwahr«, stimmte sie zu. »Und in Zukunft wirst du noch vielen von ihnen begegnen. Aber jetzt ist die Nacht zur Hälfte um, und du mußt dich ausruhen. Fürchte dich nicht, denn in dieser Nacht wirst du beschützt. Leb wohl, Drizzt Do'Urden, und möge der Weg klar und deutlich vor dir liegen.«

Mit einer Handbewegung verschwand sie im Sternenlicht und ließ Drizzt voller Zweifel zurück, ob er diese ganze Begegnung nicht einfach nur geträumt habe. Aber mit der sanften Brise trieben ihre letzten Worte zu ihm herab. »Leb wohl und faß dir ein Herz, Drizzt Do'Urden. Deine Ehre und dein Mut werden nicht unbemerkt bleiben!«

Drizzt stand lange Zeit still da. Er verbeugte sich tief und pflückte eine Wildblume am Flußufer. Er drehte sie in den Fingern und fragte sich, ob er und die Herrscherin von Silbrigmond sich wirklich unter angenehmeren Bedingungen wiedersehen würden. Und wohin ein solches Treffen führen könnte.

Dann warf er die Blume in den Rauvin.

»Laß die Ereignisse ihren Lauf nehmen«, sagte er entschlossen und sah zu dem Lager und seinen engsten Freunden hinüber. »Ich brauche keine Träume, die nur die großen Schätze, die ich bereits besitze, schmälern.« Er holte tief Luft, um den letzten Rest seines Selbstmitleids zu verscheuchen.

Und mit seinem wiederhergestellten Glauben ging er beruhigt schlafen.

Die Augen des Golem

Drizzt gelang es mühelos, Bruenor davon zu überzeugen, ihre Marschroute zu ändern und zurück gen Westen zu reisen. Obgleich der Zwerg darauf brannte, in Sundabar herauszufinden, was Helm wissen konnte, spornte ihn die Möglichkeit an, in weniger als einem Tagesmarsch wertvolle Informationen zu erlangen, und schon war er auf dem Weg.

Wie Drizzt zu diesem Ratschlag gekommen war, darüber gab er nur die vage Erklärung ab, daß er in der Nacht einem einsamen Wanderer auf der Straße nach Silbrigmond begegnet sei. Obwohl seinen Freunden die Geschichte phantastisch vorkam, vertrauten sie ihm, respektierten seinen Wunsch nach Geheimhaltung und stellten ihm keine weiteren Fragen. Doch beim Frühstück versuchte Regis mehr zu erfahren, denn die Kekse, die dieser Wanderer Drizzt geschenkt hatte, waren köstlich und stärkten sie unglaublich. Nach einigen wenigen Bissen fühlte sich der Halbling, als habe er sich eine Woche lang ausgeruht. Und die Zaubersalbe heilte Wulfgars Verletzungen am Bein und am Rücken, und zum ersten Mal, seit sie das Ewige Moor verlassen hatten, konnte er wieder ohne Stock laufen.

Lange bevor der Dunkelelf den anderen die wunderbaren Geschenke gezeigt hatte, hatte Wulfgar bereits vermutet, daß es sich bei Drizzts Begegnung um eine wichtige Persönlichkeit gehandelt haben mußte. Drizzts inneres Feuer des Optimismus und das wissende Funkeln in seinen Augen, das den unbezähmbaren Geist widerspiegelte, waren voll und ganz zurückgekehrt. Mit dieser Haltung vermochte er Schicksalsprüfungen zu bestehen, die viele andere zerbrochen hätten. Der Barbar brauchte nicht zu wissen, wer diese Person gewesen war, er war einfach froh, daß sein Freund seine tiefe Niedergeschlagenheit überwunden hatte.

Als sie sich später am Morgen auf den Weg machten, wirkten sie eher wie eine Gruppe, die gerade ein Abenteuer begonnen hatte, als wie eine, die von den Strapazen einer Reise völlig erschöpft war. Pfeifend folgten sie dem Rauvin gen Westen. Trotz der vielen Gefahren, denen sie auf ihrem beschwerlichen Weg ausgesetzt gewesen waren, waren sie bisher beinahe heil davongekommen, und wie es schien, waren sie ihrem Ziel ein gutes Stück nähergekommen. Die Sommersonne schien auf sie herab, und alle Teile des Puzzles von Mithril-Halle waren offensichtlich in greifbarer Nähe.

Nie wären sie darauf gekommen, daß mordgierige Augen auf ihnen ruhten.

Im Vorgebirge nördlich des Rauvins stand der Golem hoch über den Reisenden und nahm den Dunkelelfen wahr. Bok folgte dem Suchzauber, den Dendybar auf ihn gelegt hatte, und erspähte schon bald die Gruppe, die den Weg entlangmarschierte. Ohne zu zögern, kam das Monster den Befehlen nach und begab sich auf die Suche nach Sydney.

Bok schleuderte einen Findling zur Seite, der ihm im Weg lag, und kletterte über einen anderen, der zum Heben zu schwer war. Er begriff nicht, welchen Vorteil es brachte, einfach um die Steine herumzugehen. Boks Ziel war klar vorgegeben, und er weigerte sich, von dem eingeschlagenen Weg auch nur einen Zentimeter abzuweichen.

»Das ist aber ein Großer!« kicherte einer der Wächter am Rauvin, als er Bok über die Lichtung kommen sah. Doch noch während er die Worte aussprach, erkannte er die drohende Gefahr – daß es sich nicht um einen gewöhnlichen Reisenden handelte.

Mutig stürmte er hervor, um dem Golem direkt zu begegnen. Er hatte sein Schwert gezogen, und sein Kamerad war dicht hinter ihm.

Aber Bok, auf sein Ziel versessen, hörte nicht auf ihre Warnungen.

»Bleib, wo du bist!« befahl der Soldat zum letzten Mal, als Bok nur noch wenige Meter vor ihm stand.

Der Golem kannte keine Gefühle und verspürte daher auch keine Wut auf die Wächter, als sie ihn angriffen. Aber sie standen ihm im Weg, und Bok schlug sie einfach zur Seite, ohne einen zweiten Gedanken an sie zu verlieren. Mit Armen, die durch Magie mit unglaublicher Kraft versehen waren, sprengte er ihre Verteidigung und ließ sie durch die Luft wirbeln. Ohne langsamer zu werden oder gar anzuhalten, setzte der Golem seinen Weg zum Fluß fort und verschwand im reißenden Wasser.

In der Stadt wurde Alarm ausgelöst, denn die Soldaten am Tor auf der anderen Seite des Flusses waren Zeugen des Spektakels am Wachposten geworden. Die riesigen Tore wurden fest verschlossen, und die Silberritter behielten den Rauvin im Auge, um das Auftauchen des Monsters nicht zu verpassen.

Bok behielt seinen direkten Weg auf dem Flußboden bei, stapfte durch Treibsand und Schlamm und kam trotz der starken Strömung gut voran. Als er unmittelbar vor dem Wachposten wieder auftauchte, schrien die Ritter am Stadttor ungläubig auf, hielten aber mit grimmigen Gesichtern und gezogenen Waffen die Stellung.

Das Tor lag oberhalb des Rauvins etwas abseits von seinem Weg. Aber Bok marschierte unentwegt auf die Stadtmauer zu, ohne die Richtung zum Tor hin zu ändern.

Er schlug eine Öffnung in die Mauer und stapfte hindurch.

Entreri schritt unruhig durch sein Zimmer im Wirtshaus Zum launischen Weisen in der Stadtmitte. »Sie müßten schon längst eingetroffen sein«, herrschte er Sydney an, die auf dem Bett saß und die Fesseln von Catti-brie fester zog.

Bevor Sydney antworten konnte, erschien mitten im Zimmer eine Flammenkugel. Es war kein richtiges Feuer, sondern eher das Abbild von Flammen, eine Illusion, als würde etwas an dieser bestimmten Stelle auf einer anderen Ebene brennen. Die Flammen wanden sich und verwandelten sich in die Erscheinung eines Mannes in einer Robe.

»Morkai!« rief Sydney.

»Ich grüße dich«, erwiderte der Geist, »und richte dir auch Grüße von Dendybar dem Bunten aus.«

Voller Argwohn vor der Erscheinung wich Entreri in eine Ecke des Zimmers zurück. Catti-brie, die mit ihren Fesseln hilflos war, saß ganz still da.

Sydney, die sich in den Künsten der Beschwörung auskannte, wußte, daß das unirdische Wesen unter Dendybars Kontrolle stand, und hatte daher keine Angst. »Warum hat dich mein Meister hierher befohlen?« fragte sie kühn.

»Ich habe Neuigkeiten«, erwiderte der Geist. »Die Gruppe, die ihr sucht, wurde vor einer Woche südlich von Nesme gezwungen, den Weg durch das Ewige Moor zu nehmen.«

Voller Erwartung auf die nächste Enthüllung des Geistes biß sich Sydney auf die Lippe, aber Morkai verfiel in Schweigen und wartete gleichfalls.

»Und wo sind sie jetzt?« drang Sydney ungeduldig auf ihn ein.

Morkai lächelte. »Zweimal wurde ich gefragt, aber noch nie gezwungen!« Die Flammen blähten sich wieder auf, und der Geist war verschwunden.

»Das Ewige Moor«, sagte Entreri. »Damit wäre ihre Verspätung erklärt.«

Sydney nickte geistesabwesend, denn sie befaßte sich mit anderen Dingen. »Noch nie gezwungen«, flüsterte sie. Während sie die letzten Worte des Geistes wiederholte, drängten sich ihr beunruhigende Fragen auf. Warum hatte Dendybar eine Woche gewartet, bis er Morkai mit diesen Nachrichten zu ihr geschickt hatte? Und warum hatte der Zauberer den Geist nicht zwingen können, Einzelheiten über die Aktivitäten der Gruppe des Dunkelelfen zu berichten? Sydney kannte die Gefahren und Grenzen einer Beschwörung und wußte von der gewaltigen Belastung, die sie für die Kräfte eines Zauberers bedeutete. Dendybar hatte in letzter Zeit mindestens dreimal Morkai angerufen – einmal, als die Gruppe nach Luskan gekommen war, und bestimmt zweimal, seitdem sie und ihre Gefährten die Verfolgung aufgenommen hatten. Hatte Dendybar in seinem übermäßigen Verlangen nach dem Gesprungenen Kristall alle Vorsichtsmaßnahmen außer acht gelassen? Sydney spürte, daß die Macht des bunten Zauberers über Morkai nachgelassen hatte, und sie hoffte, daß Dendybar bei künftigen Beschwörungen vernünftiger sein würde, zumindest so lange, bis er sich wieder völlig erholt hatte.

»Wochen können vergehen, bis sie hier endlich eintreffen!« fauchte Entreri, nachdem er über die Nachrichten nachgedacht hatte. »Falls sie überhaupt noch kommen.«

»Da könntest du recht haben«, stimmte Sydney ihm zu. »Sie können auch in den Sümpfen verunglückt sein.«

»Und dann?«

»Dann gehen wir auch dorthin«, erwiderte Sydney, ohne zu zögern.

Entreri musterte sie kurz. »Es muß wirklich etwas sehr Kostbares sein, nach dem du suchst«, bemerkte er.

»Ich tue meine Pflicht und werde meinen Meister nicht enttäuschen«, gab sie scharf zurück. »Bok wird sie finden, selbst wenn sie am Grund des tiefsten Sumpfes liegen!«

»Wir sollten bald entscheiden, wie wir weiter vorgehen«, drängte Entreri hartnäckig. Er funkelte Catti-brie böse an. »Allmählich werde ich es leid, sie zu bewachen.«

»Ich traue ihr auch nicht über den Weg«, pflichtete Sydney ihm bei. »Obwohl sie sich als nützlich erweisen kann, wenn wir den Zwerg treffen. Wir sollten noch drei Tage warten.

Dann gehen wir nach Nesme zurück und, wenn es sein muß, in das Ewige Moor.«

Entreri nickte widerstrebend zu diesem Vorschlag. »Hast du gehört?« zischte er Catti-brie an. »Du hast noch drei Tage zu leben, falls deine Freunde nicht eintreffen. Wenn sie tot im Moor liegen, brauchen wir dich nicht mehr.«

Während der ganzen Unterhaltung hatte Catti-brie keine Miene verzogen. Sie wollte auf keinen Fall, daß sich Entreri einen Vorteil ihr gegenüber verschaffte, indem sie ihm ihre Schwächen oder Stärken zeigte. Und sie glaubte nicht, daß ihre Freunde tot waren. Es war Männern wie Bruenor Heldenhammer und Drizzt Do'Urden nicht bestimmt, in einem verlassenen Sumpf ein unbekanntes Grab zu finden. Und sie würde es ohne einen unwiderlegbaren Beweis niemals glauben, daß Wulfgar tot sein könnte. Während sie sich an ihre Überzeugung klammerte, sah sie ihre Pflicht ihren Freunden gegenüber darin, sich nichts anmerken zu lassen. Sie wußte, daß sie ihre persönliche Schlacht gewinnen würde und daß ihre lähmende Angst vor Entreri mit jedem Tag abnahm. Zur gegebenen Zeit würde sie zum Handeln bereit sein. Sie mußte lediglich sicherstellen, daß Entreri und Sydney nichts davon merkten.

Es war ihr nicht entgangen, daß die Anstrengungen der Reise und das Zusammensein mit seinen neuen Gefährten bei dem Meuchelmörder ihre Spuren hinterließen. Entreri reagierte immer häufiger empfindlich und zeigte immer verzweifeltere Entschlossenheit, seine Aufgabe endlich zu erledigen. Konnte es nicht sein, daß er einen Fehler beging?

»Er ist gekommen!« hallte es aus dem Korridor. Alle drei zuckten unwillkürlich zusammen. Dann erkannten sie Jierdans Stimme wieder, der das Gewölbe der Weisen bewacht hatte. Eine Sekunde später wurde die Tür aufgerissen, und der Soldat stürzte atemlos herein.

»Der Zwerg?« fragte Sydney und packte Jierdan am Arm, um ihn zu beruhigen.

»Nein!« schrie Jierdan. »Der Golem! Bok hat Silbrigmond betreten! Sie haben ihn am Westtor festgehalten. Ein Zauberer wurde gerufen.«

»Verdammt!« fauchte Sydney und machte Anstalten, das Zimmer zu verlassen. Entreri ging ihr nach, und als er an Jierdan vorbeikam, packte er ihn am Arm und riß ihn herum, so daß sie sich gegenüberstanden.

»Du bleibst bei dem Mädchen!« befahl der Meuchelmörder.

Jierdan funkelte ihn an. »Sie ist dein Problem.«

Entreri hätte den Soldaten auf der Stelle töten mögen. Catti-brie hoffte inbrünstig, daß Jierdan den vernichtenden Blick des Meuchelmörders genauso deutlich verstand wie sie.

»Gehorche gefälligst!« schrie Sydney Jierdan an und beendete damit diese Auseinandersetzung. Sie verschwand mit Entreri, und der Meuchelmörder schlug die Tür hinter ihnen zu.

»Er hätte dich am liebsten getötet«, sagte Catti-brie zu Jierdan, nachdem Entreri und Sydney verschwunden waren. »Du weißt das.«

»Schweig!« knurrte Jierdan. »Ich habe genug von deinen schändlichen Worten!« Mit geballten Händen kam er drohend auf sie zu.

»Dann schlag mich doch!« forderte Catti-brie ihn auf. Sie wußte nur zu gut, daß er sie nur einmal schlagen würde, denn seine Soldatenehre würde es ihm nicht erlauben, einen Angriff auf einen hilflosen Gegner weiterzuführen. »Obwohl ich auf dieser verfluchten Reise doch eigentlich dein einziger Freund bin!«

Jierdan blieb abrupt stehen. »Mein Freund?« stutzte er.

»Sogar ein enger, wie du feststellen wirst«, erklärte Catti-brie. »Du bist doch eigentlich ein Gefangener wie ich.« Sie durchschaute die Verwundbarkeit dieses stolzen Mannes, der durch das arrogante Verhalten von Sydney und Entreri zu einem Sklaven herabgesetzt worden war, und führte ihm seine Situation schonungslos vor Augen. »Du weißt genau, daß sie dich töten wollen, und selbst wenn du ihrer Klinge entkommst, kannst du nirgendwohin gehen. Du hast deine Kameraden in Luskan aufgegeben, und falls du trotzdem zurückgehen solltest, wird dir der Zauberer im Turm sowieso ein schlimmes Ende bereiten!«

Jierdan spannte sich vor Wut und Enttäuschung an, schlug sie aber nicht.

»Meine Freunde sind in der Nähe«, fuhr Catti-brie fort, ohne auf die Warnzeichen zu achten. »Ich weiß, daß sie noch leben, und eines Tages werden wir sie treffen. Dann wird sich entscheiden, Soldat, ob wir leben oder sterben werden. Ich habe dann eine Chance. Falls meine Freunde gewinnen oder falls ich eingetauscht werde, so werde ich am Leben bleiben. Aber für dich sieht die Zukunft wirklich düster aus. Wenn meine Freunde gewinnen, werden sie dich umbringen, und wenn deine Kameraden gewinnen...« Sie sprach nicht weiter. Jierdan konnte sich selbst ausmalen, welches grausame Schicksal auf ihn wartete.

»Wenn sie bekommen haben, was sie wollen, brauchen sie

dich schließlich nicht mehr«, fuhr sie erbarmungslos fort. Sie sah, wie er zitterte. Das war jedoch nicht Angst, sondern Wut, und sie versetzte ihm noch einen Schlag, der ihn die Beherrschung verlieren ließ. »Sie lassen dich vielleicht am Leben«, sagte sie höhnisch. »Kann ja sein, daß sie einen Lakaien brauchen!«

Jetzt schlug er sie einmal und zog sich erschreckt gleich darauf zurück.

Catti-brie nahm den Schlag, ohne zu klagen. Sie lächelte sogar trotz der Schmerzen, achtete aber darauf, daß sie sich ihre Zufriedenheit nicht anmerken ließ. Der Verlust seiner Selbstbeherrschung bewies ihr, daß die ständige Mißachtung, mit der Sydney und insbesondere Entreri Jierdan behandelten, die Flammen seiner Unzufriedenheit bis kurz vor dem Ausbruch geschürt hatten.

Sie wußte auch, daß die Flammen noch heftiger brennen würden, wenn Entreri zurückkehrte und den Bluterguß sah, der von Jierdans Schlag stammte.

Sydney und Entreri liefen durch die Straßen von Silbrigmond und folgten den Geräuschen eines Aufruhrs, die ihnen schon von weitem entgegenschlugen. Als sie die Mauer erreichten, fanden sie Bok, der dort in einer leuchtendgrünen Lichtkugel eingekapselt war. Reiterlose Pferde galoppierten zu dem Stöhnen unzähliger verletzter Soldaten an ihnen vorbei. Vor der Lichtkugel stand ein alter Mann, der Zauberer, kratzte sich den Bart und studierte den gefangenen Golem. Ein Silberritter von hohem Rang stand ungeduldig neben ihm, drehte nervös an dem Knauf seines Schwertes, bereit, es jederzeit zu ziehen.

»Vernichte dieses Ding, damit wir die Sache hinter uns bringen«, hörte Sydney den Ritter zu dem Zauberer sagen.

»O nein!« rief der Zauberer. »Er ist doch wundervoll!«

»Willst du ihn hier etwa für immer festhalten?« herrschte der Ritter ihn an. »Schau dich doch mal um...«

»Entschuldigt, meine Herren«, mischte sich Sydney ein. »Ich bin Sydney vom Hauptturm des Geheimwissens in Luskan. Kann ich euch behilflich sein?«

»Ich grüße dich«, erwiderte der Zauberer. »Ich bin Mizzen von der Zweiten Schule des Wissens. Kennst du vielleicht den Besitzer dieser herrlichen Kreatur?«

»Bok gehört mir«, gab sie zu.

Der Ritter starrte sie an. Er war verblüfft, daß jemand die Kontrolle über dieses Monster hatte, das seine besten Krieger niedergeschlagen und einen Teil der Stadtmauer zerstört hatte. Noch dazu eine Frau! »Der Preis wird hoch sein, Sydney aus Luskan«, knurrte er.

»Der Hauptturm wird Schadenersatz leisten«, beruhigte sie ihn. »Würdest du jetzt bitte den Golem meiner Obhut überlassen?« fragte sie den Zauberer. »Bok hört auf mich.«

»Nein!« keifte der Ritter. »Ich lasse nicht zu, daß dieses Ding wieder frei herumläuft!«

»Beruhige dich, Gavin«, redete Mizzen auf ihn ein. Er wandte sich an Sydney. »Ich würde den Golem sehr gerne untersuchen. Er ist wahrhaftig die beste Konstruktion, die ich bisher gesehen habe, und er ist mit Kräften ausgestattet, die die Angaben in den Schöpfungsbüchern bei weitem übertreffen.«

»Es tut mir leid«, antwortete Sydney, »aber meine Zeit ist knapp, und ich habe noch viele Straßen zu bereisen. Nenn mir die Summe für die Schäden, die der Golem verursacht hat, und ich werde sie meinem Meister übermitteln. Darauf gebe ich mein Wort als Mitglied des Hauptturms.«

»Du bezahlst jetzt«, wendete der Soldat ein.

Wieder brachte Mizzen ihn zum Schweigen. »Entschuldige Gavins Zorn«, sagte er zu Sydney. Er sah sich um. »Vielleicht können wir einen Handel abschließen. Offensichtlich ist niemand ernsthaft verletzt.«

»Drei Männer wurden fortgetragen«, widersprach Gavin. »Und mindestens ein Pferd ist so lahm, daß es getötet werden muß!«

Mizzen winkte mit der Hand ab, als wollte er die Schadensansprüche beiseite wischen. »Sie werden schon wieder gesund werden«, sagte er. »Sie werden sicher wieder gesund werden. Und die Mauer muß sowieso repariert werden.« Er sah Sydney an und kratzte sich wieder den Bart. »Hier ist mein Angebot. Ein besseres bekommst du bestimmt nicht! Überlaß mir den Golem für eine Nacht, nur für eine Nacht, und ich werde für alle Schäden aufkommen, die er angerichtet hat. Nur für eine Nacht!«

»Und du wirst Bok nicht zerlegen«, ergänzte Sydney.

»Nicht einmal den Kopf?« bettelte Mizzen.

»Nicht einmal den Kopf.« Sydney gab nicht nach. »Und ich werde beim ersten Morgengrauen kommen und den Golem abholen.«

Mizzen kratzte sich wieder den Bart. »Eine wundervolle Arbeit«, murmelte er und starrte in das magische Gefängnis hinein. »Einverstanden!«

»Wenn das Monster...«, begann Gavin wütend.

»O Gavin, wo bleibt denn dein Sinn fürs Abenteuer?«

fragte Mizzen schnell, bevor der Ritter seine Warnung zu Ende bringen konnte. »Erinnere dich an die Gebote unserer Stadt, Mann. Wir sind hier, um zu lernen. Wenn du doch bloß das Potential dieser Schöpfung begreifen würdest!«

Die beiden entfernten sich von Sydney und beachteten sie nicht mehr. Der Zauberer redete weiter auf Gavin ein. Entreri glitt aus dem Schatten eines nahegelegenen Gebäudes und trat neben sie.

»Warum ist er bloß gekommen?« fragte er sie.

Sie schüttelte den Kopf. »Darauf kann es nur eine Antwort geben.«

»Der Dunkelelf?«

»Ja«, erwiderte sie. »Bok muß ihnen in die Stadt gefolgt sein.«

»Unwahrscheinlich«, wandte Entreri ein, »obwohl der Golem sie vielleicht gesehen hat. Wenn Bok sich hinter dem Dunkelelfen und seinen tapferen Freunden her krachend den Weg gebahnt hätte, wären die hier in die Schlacht verwickelt gewesen. Sie hätten geholfen, ihn abzuwehren.«

»Dann sind sie vielleicht immer noch vor der Stadt.«

»Oder sie haben gerade die Stadt verlassen, als Bok sie gesehen hat«, sagte Entreri. »Ich werde mich bei den Wächtern am Tor erkundigen. Sei unbesorgt, unsere Beute ist in Reichweite!«

Einige Stunden später kehrten sie in ihr Zimmer zurück. Von den Wächtern am Tor hatten sie erfahren, daß die Gruppe des Dunkelelfen abgewiesen worden war, und jetzt waren sie bedacht, Bok schnell wiederzubekommen und die frische Spur aufzunehmen.

Sydney begann, Jierdan eine Reihe von Anweisungen für den Aufbruch am nächsten Tag zu erteilen. Entreri wurde jedoch gleich auf Catti-bries angeschwollenes Auge aufmerksam. Er ging zu ihr und überprüfte ihre Fesseln, und nachdem er sich versichert hatte, daß sie unversehrt waren, wirbelte er mit gezogenem Dolch zu Jierdan herum.

Sydney, die die Situation schnell erfaßt hatte, hielt ihn auf. »Nicht jetzt!« befahl sie. »Unsere Belohnung ist in unmittelbarer Nähe. So etwas können wir uns jetzt nicht erlauben!«

Entreri kicherte böse und steckte den Dolch weg. »Darüber werden wir uns noch unterhalten«, versprach er Jierdan mit einem Knurren. »Faß das Mädchen nicht noch einmal an!«

Hervorragend, dachte Catti-brie. Aus Jierdans Sicht hätte der Meuchelmörder auch gleich offen sagen können, daß er vorhatte, ihn zu töten.

Mehr Öl auf die Flammen.

Als Sydney am nächsten Morgen den Golem von Mizzen abholte, wurde ihre Vermutung bestätigt, daß Bok die Gruppe des Dunkelelfen gesehen hatte. Kurz darauf verließen sie Silbrigmond, und Bok führte sie den gleichen Weg entlang, den Bruenor und seine Freunde am Tag zuvor eingeschlagen hatten.

Diesmal wurden sie jedoch beobachtet.

Alustriel strich sich das fließende Haar aus ihrem schönen Gesicht und schaute mit wachsender Neugierde auf die Gruppe herab. Die Herrscherin hatte von den Wächtern erfahren, daß sich jemand nach dem Dunkelelfen erkundigt hatte.

Sie konnte sich noch nicht erklären, welche Rolle die

Gruppe, die gerade Silbrigmond verließ, bei der Suche spielte, aber sie vermutete, daß diese nichts Gutes im Sinn hatte. Alustriel hatte ihre eigene Abenteuerlust schon vor vielen Jahren befriedigt, trotzdem wünschte sie sich, dem Dunkelelfen und seinen Freunden bei ihrer ehrenhaften Mission helfen zu können. Staatsangelegenheiten bedrängten sie jedoch und ließen ihr keine Zeit für Ablenkung. Sie überlegte einen Augenblick, ob sie dieser zweiten Gruppe eine Patrouille hinterherschicken sollte, um Näheres über ihre Absichten zu erfahren.

Dann wandte sie sich wieder ihrer Stadt zu und erinnerte sich daran, daß sie nur eine Nebenrolle bei der Suche nach Mithril-Halle hatte. Sie mußte auf die Fähigkeiten von Drizzt Do'Urden und seinen Freunden vertrauen.

Buch 3:

Frische Spuren

Alte Zeiten

Ein klobiger Steinturm erhob sich in einem kleinen Tal vor einer steilen Hügelwand. Einem unaufmerksamen Passanten würde das von Efeu überwucherte Gebäude gar nicht auffallen.

Aber die Gefährten der Halle waren in ihrer Suche wirklich nicht unaufmerksam. Dies war Herolds Feste, in der ihnen möglicherweise die Antworten auf ihre Fragen gegeben werden konnten.

»Bist du sicher, daß wir hier richtig sind?« wandte sich Regis an Drizzt, als sie über eine kleine Anhöhe spähten. Der uralte Turm sah wirklich eher aus wie eine Ruine. Im ganzen Umkreis regte sich nichts. Es schien hier nicht einmal Tiere zu geben. Es war, als sei dieser Ort von einer unheimlichen, ehrfürchtigen Stille umgeben.

»Ich bin mir sicher«, erwiderte Drizzt. »Spürt ihr nicht auch das Alter des Turms? Er steht schon seit Ewigkeiten da. Seit vielen Jahrhunderten.«

»Und wie lange steht er schon leer?« fragte Bruenor, der ziemlich enttäuscht war über diesen Turm, den man ihm als die größte Hoffnung, sein Ziel zu finden, geschildert hatte.

»Er steht gar nicht leer«, widersprach ihm Drizzt. »Falls die Information, die ich erhalten habe, richtig ist.«

Bruenor sprang auf und stürmte über die Anhöhe. »Da

hast du wohl recht«, knurrte er. »Ein Troll lauert bestimmt hinter der Tür, oder ein räudiger Yeti, sicher beobachtet er uns in diesem Augenblick. Ich wette, er freut sich schon darauf, daß wir eintreten! Dann laßt uns mal damit fertig werden! Sundabar ist von hier nur einen Tag entfernt!«

Die drei Freunde folgten dem Zwerg vorsichtig auf dem überwucherten Gehweg, der zum Eingang des Turms führte. Mit gezogenen Waffen erreichten sie die uralte Steintür.

Die war im Laufe der Zeit teilweise moosbewachsen, teilweise zu einer glatten Oberfläche ausgewaschen und schien seit vielen, vielen Jahren nicht mehr geöffnet worden zu sein.

»Gebrauche deine Arme«, sagte Bruenor zu Wulfgar. »Wenn ein Mann dieses Ding aufbekommt, dann bist du es!«

Wulfgar lehnte Aegisfang an die Wand und stellte sich vor die große Tür. Dann tastete er die Steine ab, um eine geeignete Stelle zu finden, gegen die er drücken konnte.

Aber schon bei dieser leichten Berührung schwang die Steintür geräuschlos auf.

Eine kühle Brise wehte ihnen aus der Dunkelheit entgegen. Sie roch nach fremden Düften und hohem Alter. Den Freunden kam dieser Ort unirdisch vor oder vielleicht auch einer anderen Zeit angehörig, und sie empfanden nicht wenig Beklommenheit, als Drizzt sie hineinführte.

Obwohl sie nur leicht auftraten, hallten ihre Schritte in der Stille laut wider. Das Tageslicht bot ihnen wenig Hilfe. Es war, als stünde zwischen dem Turminnern und der Außenwelt eine Mauer.

»Wir sollten eine Fackel anzünden...«, begann Regis, aber er stockte gleich wieder. Die ungewollte Lautstärke seines Flüsterns ängstigte ihn.

»Die Tür!« rief Wulfgar plötzlich. Ihm fiel auf, wie sich das Portal leise hinter ihnen zu schließen begann. Er sprang hinüber, um es festzuhalten, bevor es ganz geschlossen war. Dann wären sie der Dunkelheit völlig ausgeliefert. Aber selbst der Barbar mit seinen gewaltigen Kräften konnte nichts gegen die magische Kraft ausrichten, mit der es bewegt wurde. Es schwang lautlos zu, und nur ein leiser Luftzug war zu hören, der wie das Seufzen eines Riesen klang.

Aber das Gefühl, sich in einem lichtlosen Grab zu befinden, hielt nicht lange an, nachdem die große Tür den letzten Sonnenstrahl verbannt hatte. Kaum war die Tür geschlossen, als ein blaues Licht den Raum beleuchtete, die Eingangshalle von Herolds Feste.

Sie wurden von einer so tiefen Ehrfurcht ergriffen, daß sie keinen Ton herausbrachten. Sie standen der Geschichte der Menschheit in einer Seifenblase der Zeitlosigkeit gegenüber, und ihr bisheriges Denken über Alter und Zugehörigkeit wurde sinnlos. In Sekundenschnelle waren sie in die Lage versetzt worden, aus der Ferne den Werdegang der Menschen zu betrachten, wie es nur einem Gott möglich war, während ihre eigene Existenz in eine andere Zeit und an einen anderen Ort verschoben war. Geheimnisvolle Wandteppiche, deren einst lebhafte Farben verblaßt waren und deren ausgeprägte Linien jetzt verschwammen, rissen die Freunde in einen Wirbel von Bildern, auf denen die Geschichte ihrer Rasse dargestellt wurde, und jedes einzelne erzählte eine Geschichte immer wieder aufs neue. Es schien die gleiche Geschichte zu sein, aber jedesmal war sie ein wenig abgeändert, erschloß sich neu unter unterschiedlichen Bedingungen mit vielfältigen Auswirkungen.

Waffen und Rüstungen aus jedem Zeitalter säumten die Wände, und darunter lagen die Banner und Wappen unzähliger lang vergessener Königreiche. Reliefs von Helden und Weisen, von denen die meisten nur den Gelehrten bekannt waren, starrten von den Dachbalken auf sie herab. Der Gesichtsausdruck dieser Männer war so treffend erfaßt, daß er deutlich Aufschluß über ihren Charakter gab.

Gegenüber der Eingangstür befand sich in dieser Vorhalle eine zweite aus Holz, die offensichtlich in den Hügel führte, der hinter dem Turm lag. Erst als diese sich langsam zu öffnen begann, konnten sich die Gefährten von dem Zauber ihrer Umgebung lösen.

Doch keiner von ihnen griff nach seinen Waffen, da ihnen klar war, daß der Bewohner dieses Turms ihren weltlichen Kräften überlegen war.

Ein uralter Mann betrat das Zimmer. Ein Mann seines Alters war keinem von ihnen je begegnet. Sein Gesicht hatte jedoch seine Fülle beibehalten und war nicht von den Jahren eingefallen. Aber seine Haut wirkte fast hölzern und trotzte wie ein uralter Baum dickköpfig der Zeit. Sie hatte Falten, die wie Risse aussahen und von scharfen Kanten gesäumt wurden. Sein Gang war eher ein Fließen von ruhigen Bewegungen, ein Schweben, das über das Gehen hinausging. Er kam dicht zu den Freunden heran und blieb wartend stehen. Seine offensichtlich sehr dünnen Arme hingen, unter den Falten seiner langen Satinrobe verborgen, friedlich an seinen Seiten.

»Bist du der Herold des Turms?« fragte Drizzt.

»Altnacht bin ich«, antwortete der Mann mit einer Stimme, die heiter und melodisch klang. »Willkommen, Gefährten der Halle. Lady Alustriel hat mir euer Kommen angekündigt und von eurer Suche berichtet.«

Obwohl Wulfgar angesichts seiner Umgebung von Ehrfurcht und Respekt ergriffen war, entging ihm der Hinweis auf Alustriel nicht. Er warf Drizzt einen Blick zu und begegnete dessen Augen mit einem wissenden Lächeln.

Drizzt wandte sich lächelnd ab.

»Das ist der Saal der Menschen«, erklärte Altnacht. »Er ist der größte in der Feste, abgesehen von der Bibliothek natürlich.«

Ihm fiel Bruenors verärgerter Blick auf. »Die Tradition deiner Rasse läßt sich weit zurückverfolgen, guter Zwerg, und bei den Elfen noch weiter«, erklärte er. »Aber Krisen in der Geschichte werden häufiger in Generationen und nicht in Jahrhunderten gemessen. Die kurzlebigen Menschen haben Tausende von Königreichen umgestürzt und tausend neu in den wenigen Jahrhunderten errichtet, in denen ein einziger Zwergenkönig über sein Volk in Frieden herrscht.«

»Sie haben eben keine Geduld!« bemerkte Bruenor mürrisch. Aber er war offensichtlich beschwichtigt.

»Stimmt«, lachte Altnacht. »Aber kommt jetzt, und laßt uns speisen. Wir haben an diesem Abend noch viel zu erledigen.«

Er führte sie durch die Tür und einen Korridor in demselben blauen Licht entlang. Auf beiden Seiten des Gangs gingen die Türen zu verschiedenen Räumen ab, die jeweils für die guten Rassen bestimmt waren, und es gab sogar einige für die Geschichte der Orks, Goblins und Riesen.

Die Freunde und Altnacht speisten an einem großen, runden Tisch, dessen uraltes Holz so hart war wie Gebirgsstein.

Am Rand waren überall Runen in vielen Sprachen eingeschnitzt, die schon so lange in Vergessenheit geraten waren, daß nicht einmal Altnacht sich an sie erinnern konnte. Sogar die Speisen schienen wie alle anderen auch aus einer fernen Vergangenheit zu stammen. Sie waren jedoch keineswegs knochenhart, sondern schmeckten köstlich und unterschieden sich völlig von allem, was die Freunde je zuvor gegessen hatten. Das Getränk, ein kristallklarer Wein, übertraf sogar die legendären Elixiere der Elfen.

Während des Essens unterhielt Altnacht sie mit großartigen Geschichten von Helden und Ereignissen aus alten Zeiten, die zum gegenwärtigen Zustand der Welten geführt hatten. Die Gefährten blieben bis zum Schluß aufmerksame Zuhörer, obwohl sie wesentliche Hinweise auf Mithril-Halle nur ein oder zwei Türen weiter zu finden hofften.

Als das Mahl beendet war, erhob sich Altnacht aus seinem Stuhl und musterte jeden einzelnen mit einer merkwürdigen, heftigen Neugierde. »Der Tag wird kommen, vielleicht in tausend Jahren, an dem ich wieder Gäste unterhalten werde. An diesem Tag, da bin ich mir sicher, wird eine der Geschichten, die ich erzählen werde, von den Gefährten der Halle und ihrer glorreichen Suche handeln.«

Den Freunden fiel auf diese Ehre, die der uralte Mann ihnen erwiesen hatte, keine Antwort ein. Selbst Drizzt, stets ausgeglichen und unerschütterlich, saß einen sehr langen Augenblick reglos da.

»Kommt«, forderte Altnacht sie auf, »laßt uns eure Straße aufs neue begehen.« Er führte sie durch eine andere Tür, die Tür, die zu der größten Bibliothek im ganzen Norden führte.

Bücher jeden Umfangs nahmen die Wände ein und lagen

in hohen Stapeln auf den vielen Tischen, die überall in dem großen Saal standen. Altnacht zeigte auf einen Tisch, einen kleineren, der etwas abseits stand und auf dem ein einziges Buch geöffnet lag.

»Ich habe für euch schon viele Forschungsarbeiten betrieben«, erklärte Altnacht. »Aber in allen Büchern über Zwerge war dieses das einzige, in denen einige Andeutungen über Mithril-Halle enthalten sind.«

Bruenor ging zu dem Buch hinüber und ergriff es mit zitternden Händen. Es war in Hochzwergisch geschrieben, der Sprache Dumathoins, des Bewahrers der Geheimnisse Unter dem Berg. Seine Schrift war in den Welten ebenfalls fast vergessen. Aber Bruenor konnte sie lesen. Er überflog die Seite, dann las er die wichtigen Abschnitte laut vor.

»›Die Arbeiten von Garumn und der Sippe Heldenhammer brachten König Elmor und seinem Volk hohe Gewinne, aber die Zwerge in den geheimen Minen mißgönnten ihnen den Reichtum nicht. Die Bewohner von Siedelstein erwiesen sich als wertvolle und vertrauenswürdige Verbündete, weshalb Garumn den geheimen Weg öffnen konnte, um die Mithrilarbeiten auf den Markt zu bringen.‹« Bruenor sah zu seinen Freunden auf, und in seinen Augen leuchtete Erinnerung auf.

»Siedelstein«, flüsterte er. »Ich kenne diesen Namen.« Er versank wieder in das Buch.

»Ansonsten wirst du wenig finden«, sagte Altnacht. »Denn die Texte über Mithril-Halle sind den Jahrhunderten zum Opfer gefallen. In dem Buch wird lediglich angeführt, daß das Mithril bald versiegte und letztendlich zum Ende von Siedelstein führte.«

Bruenor hörte nicht zu. Er mußte es selbst lesen, jedes Wort verschlingen, das über seine verlorene Heimat niedergeschrieben worden war, gleichgültig, ob es von Bedeutung war oder nicht.

»Was ist denn mit diesem Siedelstein?« fragte Wulfgar Altnacht. »Ein Hinweis?«

»Vielleicht«, antwortete der alte Herold. »Bis jetzt habe ich nur in diesem Buch einen Bezug auf diesen Ort gefunden, aber deswegen neige ich auch zu der Annahme, daß Siedelstein als Name für eine Zwergenstadt recht ungewöhnlich war.«

»Oberirdisch!« warf Bruenor plötzlich ein.

»Genau«, stimmte Altnacht zu. »Es war wohl eine Zwergengemeinde, die in Häusern auf der Oberfläche angesiedelt war. Das war selten in dieser Zeit und unerhört zu der Zeit von Mithril-Halle. Meines Wissens nach läßt das nur zwei Möglichkeiten zu.«

Regis stieß einen Triumphschrei aus.

»Deine Begeisterung ist vielleicht etwas verfrüht«, warnte ihn Altnacht. »Selbst wenn wir herausfinden, wo Siedelstein einst gelegen hat, beginnt dort vielleicht erst die Spur nach Mithril-Halle.«

Bruenor blätterte durch einige Seiten des Buches, dann legte er es auf den Tisch zurück. »So dicht davor!« knurrte er und schlug mit der Faust auf das versteinerte Holz. »Ich sollte mich doch allmählich daran erinnern.«

Drizzt ging zu ihm hinüber und zog die kleine Phiole aus seinem Umhang. »Ein Trank«, erklärte er Bruenor, als der ihn verwirrt ansah, »der dich wieder in die Vergangenheit von Mithril-Halle wandeln läßt.«

»Ein mächtiger Zauber«, warnte Altnacht, »der nicht kontrolliert werden kann. Überlege dir gut, ob du ihn gebrauchen willst, redlicher Zwerg!«

Aber Bruenor, der sich am Rande einer Entdeckung bewegte, die er unbedingt finden wollte, hatte sich bereits entschieden. Er stürzte die Flüssigkeit in einem Zug hinunter, dann hielt er sich am Tisch fest, um sich gegen die starke Wirkung zu wappnen. Auf seiner gefurchten Stirn perlten Schweißtropfen, und er zuckte unwillkürlich zusammen, als der Trank sein Bewußtsein über die Jahrhunderte hinweg in die Vergangenheit führte.

Regis und Wulfgar gingen auf ihn zu, und der große Mann nahm ihn an den Schultern und half ihm behutsam auf einen Stuhl.

Bruenors Augen waren weit geöffnet, aber er konnte in dem Zimmer nichts mehr wahrnehmen. Er war jetzt schweißgebadet, und das Zucken war in ein Zittern übergegangen.

»Bruenor!« rief Drizzt leise und fragte sich, ob er richtig gehandelt hatte, nachdem sich dem Zwerg eine solche verführerische Gelegenheit geboten hatte.

»Nein, mein Vater!« schrie Bruenor. »Nicht hier in der Dunkelheit! Komm mit mir! Was soll ich denn ohne dich machen?«

»Bruenor!« rief Drizzt eindringlicher.

»Er ist nicht hier«, erklärte Altnacht, der mit der Wirkung des Tranks vertraut war, denn er wurde von langlebigen Rassen häufig benutzt, insbesondere von den Elfen, wenn sie Erinnerungen aus ihrer weit zurückliegenden Vergangenheit auffrischen wollten. Doch normalerweise kehrten sie zu angenehmeren Zeiten zurück. Altnacht beobachtete Bruenor mit tiefer Sorge, denn der Trank hatte ihn zu einem verhängnisvollen Tag in seiner Vergangenheit geführt, zu einer Erinnerung, die er zum Großteil oder gar völlig verdrängt hatte, um sich vor übermächtigen Gefühlen zu schützen. Diese Gefühle lagen jetzt offen da und waren dem Bewußtsein des Zwerges in ihrer ganzen Heftigkeit zugänglich.

»Bringt ihn in den Saal der Zwerge«, wies Altnacht die Gefährten an. »Laßt ihn in den Bildern seiner Helden schwelgen. Sie werden ihm helfen, sich zu erinnern, und ihm Kraft schenken, damit er diese schwere Prüfung durchsteht.«

Wulfgar hob Bruenor auf und trug ihn behutsam den Korridor hinunter in den Saal der Zwerge. Dort legte er ihn mitten auf den kreisförmigen Boden. Die Freunde traten zurück und überließen den Zwerg seinen Erinnerungen.

Gefangen zwischen den Welten der Vergangenheit und der Gegenwart, konnte Bruenor die Bilder um sich herum nur undeutlich erkennen. Bilder von Moradin, Dumathoin und all seinen Göttern und Helden sahen von der Decke auf ihn herab und spendeten ihm ein wenig Trost gegen die Wogen der Tragödie, die über ihn hereingebrochen war. Zwergenrüstungen und raffiniert gearbeitete Äxte und Kriegshämmer umgaben ihn, und er schwelgte in der gewaltigen Pracht und den hervorragenden Leistungen seines stolzen Volkes.

Doch die Bilder konnten nicht das Entsetzen vertreiben, an das er sich plötzlich wieder erinnerte. Er sah den Untergang seiner Sippe, von Mithril-Halle und den seines Vaters wieder vor Augen.

»Tageslicht!« schrie er, hin- und hergerissen zwischen Trost und Trauer. »O weh, mein Vater und meines Vaters Vater! Aber der Erfolg unserer Flucht ist in Reichweite! Siedelstein...« Einen Augenblick verblaßte die Erinnerung, war er reglos. »...wird uns Zuflucht gewähren. Welcher Verlust, welcher Verlust! Wo ist eine Zuflucht?«

»Der Preis ist hoch«, seufzte Wulfgar, den die Qualen des Zwerges schmerzten.

»Er ist willens, diesen Preis zu zahlen«, erwiderte Drizzt.

»Aber er ist zu hoch, wenn wir nichts erfahren«, sagte Regis. »Aus diesem unzusammenhängenden Gerede kann man nichts erfahren. Sollen wir einfach herumsitzen und gegen alle Vernunft einfach nur hoffen?«

»Seine Erinnerungen haben ihn bereits nach Siedelstein gebracht, aber er hat den Weg dorthin nicht erwähnt«, stellte Wulfgar fest.

Drizzt nahm einen Krummsäbel in die Hand und zog die Kapuze seines Umhangs tief in sein Gesicht.

»Was?« begann Regis zu fragen, aber der Dunkelelf hatte bereits einen Entschluß gefaßt. Er eilte zu Bruenors Seite und kam mit dem Gesicht dicht an die schweißgebadete Wange des Zwerges heran.

»Ich bin ein Freund«, flüsterte er Bruenor zu. »Gekommen auf die Nachricht, daß die Halle erobert wurde! Meine Verbündeten warten! Die Rache wird unser sein, mächtiger Zwerg der Sippe Heldenhammer! Zeig uns den Weg, damit wir den Ruhm der Halle wiederherstellen können!«

»Geheimnis«, keuchte Bruenor, der nur halb bei Bewußtsein war.

Drizzt bedrängte ihn noch heftiger. »Die Zeit ist knapp! Die Dunkelheit senkt sich nieder!« rief er. »Der Weg, Zwerg! Wir müssen den Weg wissen!«

Bruenor murmelte etwas Unverständliches, und die Freunde seufzten, als sie erkannten, daß der Dunkelelf die letzte Schranke durchbrochen hatte, die Bruenor daran gehindert hatte, die Halle zu finden.

»Lauter!« forderte Drizzt.

»Der Vierte Gipfel!« schrie Bruenor zurück. »Hoch oben auf dem Paß, und dann in das Tal der Hüter!«

Drizzt sah zu Altnacht hinüber, der zur Bestätigung nickte, und dann wandte er sich wieder an Bruenor. »Ruh dich aus, mächtiger Zwerg«, sagte er tröstend zu ihm. »Deine Sippe wird gerächt werden!«

»Nach der Beschreibung in dem Buch über Siedelstein kann sich der Vierte Gipfel nur auf einen Ort beziehen«, erklärte Altnacht Drizzt und Wulfgar, als sie wieder in der Bibliothek waren. Regis war im Saal der Zwerge geblieben und wachte über Bruenors unruhigen Schlaf.

Der Herold zog einen Schriftrollenbehälter aus einem hohen Regal hervor und entnahm ihm ein uraltes Pergament. Es war eine Karte vom mittleren Norden zwischen Silbrigmond und Mirabar.

»Die einzige Zwergensiedlung in der Zeit von Mithril-Halle auf der Erdoberfläche und dicht genug an einem Gebirge, deren Gipfel Nummern trugen, liegt hier«, sagte er und zeigte auf den südlichsten Gipfel des Ausläufers im Süden vom Grat der Welt, etwas nördlich von Nesme und dem Ewigen Moor. »Diese verlassene Stadt aus Stein wird inzwischen nur noch die ›Ruinen‹ genannt, und sie war sonst immer als Zwergendarrows bekannt, als die bärtige Rasse dort noch lebte. Und obwohl das Gerede eures Kameraden sehr unzusammenhängend war, hat es mich überzeugt, daß es sich wirklich um Siedelstein handelt, von dem das Buch spricht.«

»Aber warum wird es in dem Buch nicht auch Zwergendarrows genannt?« fragte Wulfgar.

»Zwerge sind eine verschwiegene Rasse«, erklärte Altnacht mit einem wissenden Kichern, »vor allem wenn es um ihre Reichtümer geht. Garumn von Mithril-Halle war sicher fest entschlossen, seinen Fundort vor der gierigen Außenwelt geheimzuhalten. Er und Elmor in Siedelstein haben damals ohne Zweifel eine Übereinkunft getroffen und sich komplizierte Codes und Kunstnamen für ihre Umgebung ausgedacht. Das alles, um habgieriges Volk in die Irre zu führen. Das sind Namen, die jetzt in den Geschichtsbüchern der Zwerge ohne Zusammenhang an verschiedenen Stellen auftauchen. Viele Gelehrte haben womöglich sogar etwas über Mithril-Halle gelesen, das aber mit einem anderen Namen bezeichnet wurde, so daß die Leser annahmen, das bezöge sich auf eines der vielen uralten Zwergenheimatländer, die der Welt inzwischen verlorengegangen sind.«

Der Herold hielt einen Augenblick inne, um sich noch einmal alles in Erinnerung zu rufen, was geschehen war. »Ihr solltet sofort aufbrechen«, riet er ihnen. »Tragt den Zwerg, wenn es sein muß, aber bringt ihn nach Siedelstein, bevor die Wirkung des Tranks nachläßt. Solange Bruenor noch von seinen Erinnerungen beherrscht wird, kann er vielleicht den Weg zurückgehen, den er vor zweihundert Jahren vom Gebirge ins Tal der Hüter und zum Tor von Mithril-Halle genommen hat.«

Drizzt studierte die Karte und die Stelle, die Altnacht als Standort von Siedelstein beschrieben hatte. »Zurück in den

Westen«, murmelte er und wiederholte damit Alustriels Vermutung. »Nicht einmal zwei Tage von hier entfernt.«

Wulfgar stellte sich zu ihm, um die Landkarte in Augenschein zu nehmen, und fügte in einem Ton hinzu, in dem sich Vorfreude und eine gewisse Traurigkeit mischten: »Unsere Reise geht dem Ende entgegen.«

Die Herausforderung

Sie brachen bei Sternenlicht auf und hielten nicht eher an, bis die Sterne wieder am Himmel standen. Bruenor hatte keine Unterstützung nötig. Ganz im Gegenteil. Es war der Zwerg, der sie vorwärtstrieb, nachdem er kaum aus seinem Delirium erwacht war und die Augen endlich auf den richtigen Weg zu seinem lang ersehnten Ziel gerichtet hatte. Er schlug das schärfste Tempo an, das sie marschierten, seitdem sie Eiswindtal verlassen hatten. Er hatte glasige Augen und war gefangen zwischen Vergangenheit und Gegenwart. Bruenor wurde von seiner Besessenheit verzehrt. Beinahe zweihundert Jahre lang hatte er von dieser Rückkehr geträumt, und diese letzten wenigen Tage auf der Straße kamen ihm länger vor als die vorangegangenen Jahrhunderte.

Die Gefährten hatten offensichtlich ihren ärgsten Feind, die Zeit, jetzt geschlagen. Falls ihre Schätzung in der Feste stimmte, lag Mithril-Halle nur einige Tage von ihnen entfernt, während der kurze Sommer noch nicht einmal seine

Mitte überschritten hatte. Da die Zeit kein dringliches Problem mehr darstellte, hatten sich Drizzt, Wulfgar und Regis auf ein gemächliches Tempo gefreut, als sie von der Feste aufbrachen. Aber Bruenor ließ sich darauf nicht ein, nachdem er aufgewacht war und von den Erkenntnissen erfahren hatte. Einwände wurden jedoch auch von den anderen nicht erhoben, denn durch die Aufregung war Bruenor noch mürrischer geworden als je zuvor.

»Beweg doch deine Füße!« fauchte er Regis ständig an, dessen kleine Beine dem hektischen Schritt des Zwerges nicht gewachsen waren. »Du hättest lieber in Zehn-Städte bleiben sollen mit so einem Bauch, der über den Gürtel hängt!« Dann murmelte er Unverständliches vor sich hin, beugte sich noch weiter nach vorne über seine stapfenden Beine und hetzte weiter. Giftige Bermerkungen von Regis oder Rügen von Wulfgar und Drizzt über sein Benehmen stießen bei ihm auf taube Ohren.

Sie marschierten zum Rauvin zurück und folgten dem Verlauf des Flusses. Drizzt konnte Bruenor jedoch überreden, daß sie nach Nordwesten abbiegen würden, sobald die Gipfel der Gebirgskette in Sicht kämen. Der Dunkelelf verspürte nicht den geringsten Wunsch, noch einmal einer Patrouille aus Nesme zu begegnen, da er überzeugt war, daß aufgrund der Warnungen aus dieser Stadt Alustriel gezwungen gewesen war, ihm den Einlaß in Silbrigmond zu verwehren.

An diesem Abend fand Bruenor im Lager keine Ruhe, obwohl sie eindeutig mehr als die Hälfte der Strecke zu den Ruinen von Siedelstein zurückgelegt hatten. Er stampfte im Lager umher wie ein gefangenes Tier und ballte seine schwieligen Hände. Währenddessen beklagte er unentwegt murrend den verhängnisvollen Tag, an dem sein Volk aus Mithril-Halle vertrieben worden war, und beschwor die Rache, die er nehmen würde, wenn er jetzt endlich zurückkehrte.

»Kommt das von dem Trank?« fragte Wulfgar Drizzt ein wenig später, als sie etwas abseits vom Lager standen und den Zwerg beobachteten.

»Zum Teil, vielleicht«, antwortete Drizzt, der um seinen Freund genauso besorgt war. »Durch den Trank mußte Bruenor das schmerzlichste Erlebnis in seinem langen Leben noch einmal durchmachen. Und da jetzt die Erinnerungen an diese Vergangenheit ihren Weg in seine Gefühlswelt finden, drängen sie leidenschaftlich auf Rache, was auch die ganzen Jahre in ihm geschwelt hat.«

»Er hat Angst«, stellte Wulfgar fest.

Drizzt nickte. »Dies ist für ihn eine entscheidende Prüfung. In dem Schwur, nach Mithril-Halle zurückzukehren, ist der ganze Sinn seines Lebens enthalten.«

»Er drängte zu sehr«, sagte Wulfgar mit einem Blick auf Regis, der gleich nach dem Abendessen vor Erschöpfung zusammengebrochen war. »Der Halbling kann das Tempo nicht halten.«

»Wir haben weniger als einen Tag vor uns«, antwortete Drizzt. »Regis wird es überleben, so wie wir alle.« Er klopfte dem Barbaren auf die Schulter, und Wulfgar, der davon zwar nicht ganz überzeugt war, sich aber mit der Tatsache abfand, daß er den Zwerg ohnehin nicht beeinflussen konnte, legte sich zur Ruhe. Drizzt sah zu dem Zwerg hinüber, der immer noch auf und ab schritt. Sein dunkles Gesicht trug jetzt den Ausdruck viel tieferer Sorge, als er dem jungen Barbaren offenbart hatte.

Um Regis machte sich Drizzt wirklich keine Sorgen. Der Halbling fand in einer schwierigen Situation stets einen Weg, besser davonzukommen, als er eigentlich sollte. Aber Bruenor bereitete ihm Kummer. Er erinnerte sich daran, wie es war, als der Zwerg Aegisfang, den machtvollen Kriegshammer, geschmiedet hatte. Diese Waffe war ein unerreichtes Meisterstück in Bruenors Schaffen als hervorragender Kunsthandwerker gewesen; es war eine Waffe, die würdig war, in den Legenden besungen zu werden. Bruenor konnte nicht hoffen, diese Leistung noch einmal zu übertreffen oder eine gleichwertige zu vollbringen. Der Zwerg hatte danach niemals wieder einen Hammer auf einen Amboß gelegt.

Und jetzt die Reise nach Mithril-Halle, Bruenors lebenslanger Traum! So wie Aegisfang Bruenors Meisterstück gewesen war, war diese Reise wie das Erklettern eines sehr hohen Berges. Der Kern seiner Sorge betraf einen sehr heimtückischen und gefährlichen Aspekt und hatte nicht so sehr mit dem Erfolg oder Mißlingen der Sache zu tun. Die Gefahren dieser Reise belasteten sie alle gleich, aber sie hatten sich vor Beginn der Reise freiwillig darauf eingelassen. Ob die uralten Hallen zurückgefordert werden würden oder nicht, Bruenors Berg würde auf jeden Fall erklommen werden. Der Augenblick seines höchsten Ruhms würde danach aber vorbei sein.

»Beruhige dich, guter Freund«, sagte Drizzt, der zu dem Zwerg hinübergegangen war.

»Es ist meine Heimat, Elf!« herrschte Bruenor ihn an. Er schien sich aber ein wenig zu fassen.

»Ich verstehe dich schon«, erwiderte Drizzt. »Es sieht so aus, als ob wir Mithril-Halle wirklich finden werden, und das wirft eine Frage auf, die wir jetzt bald beantworten müssen.«

Bruenor sah ihn neugierig an, obwohl er wußte, worauf Drizzt hinauswollte.

»Bis jetzt haben wir uns nur damit beschäftigt, Mithril-Halle zu finden. Wir haben aber noch nie darüber gesprochen, was wir unternehmen, wenn wir sie gefunden haben.«

»Bei allem, was recht ist, ich bin König von Mithril-Halle«, knurrte Bruenor.

»Da stimme ich mit dir überein«, sagte der Dunkelelf, »aber was ist mit der Dunkelheit, die dort vielleicht noch immer herrscht? Es ist eine Kraft, die deine ganze Sippe aus den Minen vertrieben hat. Sollen wir vier sie allein besiegen?«

»Sie ist vielleicht schon von sich aus gegangen, Elf«, erwiderte Bruenor mürrisch, da er sich mit diesen Möglichkeiten nicht auseinandersetzen wollte. »Nach allem, was wir wissen, können die Minen auch wieder geräumt sein.«

»Vielleicht. Aber was für Pläne hast du für den Fall, daß die Dunkelheit noch da ist?«

Bruenor hielt einen Augenblick inne und überlegte. »Wir werden eine Nachricht nach Eiswindtal senden«, antwortete er. »Meine Männer können schon im Frühling bei uns sein.«

»Kaum hundert Mann«, erinnerte ihn Drizzt.

»Dann bitte ich Adbar um Hilfe, falls wir mehr Leute brauchen«, keifte Bruenor. »Harbromm wird uns gerne helfen, wenn ihm Reichtümer in Aussicht gestellt werden.«

Drizzt wußte, daß Bruenor ein solches Versprechen nicht so schnell geben würde, aber er beschloß, diese Flut beunruhigender, aber notwendiger Fragen zu beenden. »Schlaf gut«, wünschte er dem Zwerg. »Du wirst zur rechten Zeit deine Antworten finden.«

Am Morgen des nächsten Tages war ihr Tempo weniger hektisch. Schon bald ragte das Gebirge über ihnen auf, und eine neue Veränderung wurde an dem Zwerg bemerkbar. Plötzlich hielt er inne. Er war offensichtlich benommen und kämpfte um sein Gleichgewicht. Wulfgar und Drizzt waren schnell an seiner Seite und stützten ihn.

»Was ist los?« fragte Drizzt.

»Zwergendarrows«, antwortete Bruenor mit einer Stimme, als käme sie aus weiter Ferne. Er zeigte auf Gestein, das sich am Fuß des nächsten Berges auftürmte.

»Kennst du den Ort?«

Bruenor antwortete nicht. Stolpernd setzte er den Weg fort und wies jede Unterstützung von sich. Seine Freunde zuckten hilflos die Achseln und folgte ihm.

Eine Stunde später kamen die Bauten in Sicht. Wie gigantische Kartenhäuser waren große Steinplatten geschickt zu Wohnhäusern zusammengesetzt worden, und obwohl sie vor mehr als hundert Jahren im Stich gelassen worden waren, hatten die Jahreszeiten und der Wind sie nicht in Mitleidenschaft ziehen können. Es konnten nur Zwerge sein, die die Steine mit einer solchen Kraft erfüllt hatten und so vollkommen gemauert hatten, daß diese Bauwerke über Generationen und über die Lieder der Barden hinaus wie das Gebirge selbst überlebten, so daß künftige Rassen voller Ehrfurcht und Verwunderung darauf schauen konnten, ohne die leiseste Ahnung zu haben, wer sie wohl geschaffen hatte.

Bruenor erinnerte sich. Er wanderte in das Dorf hinein, so wie er es vor Jahrhunderten getan hatte. In seinen Augen standen Tränen, und er zitterte am ganzen Körper, als er an die Dunkelheit dachte, die seine Sippe heimgesucht hatte.

Seine Freunde ließen ihn eine Zeitlang herumgehen. Sie wollten ihn in seinen ehrfürchtigen Gefühlen, die ihren Weg durch seine rauhe Schale gefunden hatten, nicht stören. Als sich schließlich der Nachmittag dem Ende zuneigte, ging Drizzt zu ihm hinüber.

»Kennst du den Weg?« fragte er.

Bruenor sah zu einem Paß hinauf, der an der Seite des nächsten Berges verlief. »Ein halber Tag«, antwortete er.

»Sollen wir hier unser Lager aufschlagen?« fragte Drizzt.

»Es würde mir guttun«, sagte Bruenor. »Es gibt vieles, worüber ich nachdenken muß, Elf. Keine Angst, ich werden den Weg nicht vergessen.« Seine Augen verengten sich zu Schlitzen, während er auf den Weg starrte, auf dem er am Tag der Dunkelheit geflohen war, und er flüsterte: »Diesen Weg werde ich niemals wieder vergessen.«

☆ ☆ ☆

Bruenors hektisches Tempo hatte sich für die Freunde als günstig erwiesen, denn Bok war der Spur des Dunkelelfen vor Silbrigmond mühelos gefolgt und hatte seine Gruppe ebenfalls mit großer Hast angetrieben. An der Feste gingen sie ahnungslos vorüber – die Schutzzauber des Turms hätten ihnen sowieso den Zutritt verwehrt –, und daher hatten sie beachtlich aufgeholt.

Nicht weit entfernt stand Entreri mit seinem bösartigen Lächeln in dem Lager der Verfolger und starrte auf den dunklen Horizont. Er wußte, daß der Lichtpunkt, den er in der Ferne erkennen konnte, das Lagerfeuer seines Opfers war.

Auch Catti-brie sah das Licht und wußte, daß ihr am nächsten Tag ihre größte Herausforderung bevorstand. Die meiste Zeit ihres Lebens hatte sie unter Bruenors Anleitung bei den kampferfahrenen Zwergen verbracht. Er hatte sie Disziplin und Vertrauen gelehrt. Keine Maske der Großspurigkeit, hinter der sich tiefere Unsicherheit verbarg, sondern echtes Selbstbewußtsein und wohlabgewogene Einschätzung ihrer Fähigkeiten. Ihre Schwierigkeiten, in dieser Nacht Schlaf zu finden, waren nicht aus der Angst, zu versagen, geboren, sondern aus ihrem Eifer, sich dieser Herausforderung zu stellen.

Frühzeitig brach Sydneys Trupp das Lager ab und erreichte kurz nach Einsetzen der Dämmerung bereits die Ruinen. Sie waren nicht weniger aufgeregt als Bruenors Gruppe, stießen jedoch nur auf die Reste des Lagers der Gefährten.

»Eine Stunde, vielleicht auch zwei«, stellte Entreri fest, der sich gebückt hatte und die Wärme der Glutasche überprüfte.

»Bok hat bereits die neue Spur gefunden«, erklärte Sydney und wies auf den Golem, der sich auf die Ausläufer des nächstgelegenen Berges zu bewegte.

Ein Lächeln zog sich über Entreris Gesicht, als ihn das prickelnde Gefühl der Jagd überlief. Catti-brie schenkte dem Meuchelmörder jedoch keine Aufmerksamkeit. Sie war eher damit beschäftigt, die Gefühle zu beobachten, die Jierdans Gesicht enthüllte.

Der Soldat schien sich seiner selbst unsicher zu werden. Er hatte sich Sydney und Entreri angeschlossen, als diese Bok folgten, aber mit gezwungenen Schritten. Es war klar, daß er Sydneys und Entreris Freude über die bevorstehende Auseinandersetzung nicht teilte.

Diese Beobachtung gefiel Catti-brie sehr.

Den ganzen Morgen über stürmten sie vorwärts, wichen

tiefen Schluchten und Findlingen aus und suchten sich ihren Weg an der Bergwand entlang. Dann erblickte Entreri seine Beute zum ersten Mal, seit er seine Suche zwei Jahre zuvor begonnen hatte.

Der Meuchelmörder war auf einen mit Findlingen übersäten Hügel gestiegen und hatte seine Schritte verlangsamt, da vor ihm ein steiles Gefälle in ein kleines, mit Bäumen dichtbewachsenes Tal führte, als er Bruenor und seine Freunde erblickte, die weiter vorne gerade hinter einem Gebüsch zum Vorschein kamen und ihren Weg an einer steilen Felswand fortsetzten. Entreri hockte sich nieder und bedeutete den anderen, sie sollten anhalten.

»Halte den Golem auf!« rief er Sydney zu, denn Bok war bereits unterhalb von ihm in dem Wald verschwunden und würde bald auf der anderen Seite auf einem kahlen Steinhügel deutlich sichtbar für die Gefährten hervorbrechen.

Sydney lief davon. »Bok, komm zurück!« rief sie so laut, wie sie es wagte, denn wenn die Gefährten auch weit entfernt waren, schien jedes Geräusch von den Gebirgswänden unaufhörlich widerzuhallen.

Entreri zeigte auf die Punkte, die sich weiter vorne über die Wand bewegten. »Wir können sie erwischen, bevor sie um die Gebirgswand biegen«, rief er Sydney zu. Er sprang zurück zu Jierdan und Catti-brie und band ihr die Hände grob auf den Rücken. »Wenn du schreist, darfst du zusehen, wie deine Freunde sterben«, versicherte er ihr. »Und dein eigenes Ende wird dann höchst unangenehm sein.«

Catti-brie setzte ein verängstigtes Gesicht auf, während sie sich insgeheim freute, daß ihr die jüngste Drohung des Meuchelmörders nichts mehr ausmachte. Sie hatte sich über die

Angst erhoben, die Entreri seit ihrer ersten Begegnung in Zehn-Städte geschickt gegen sie eingesetzt hatte. Trotz ihres instinktiven Abscheus hatte sie sich inzwischen überzeugt, daß dieser kaltblütige Killer auch nur ein Mensch war.

Entreri zeigte auf das steil abfallende Tal unterhalb der Felswand und dann auf die Gefährten. »Ich gehe durch die Schlucht«, erklärte er Sydney, »und nehme den ersten Kontakt auf. Du gehst mit dem Golem den Weg weiter und arbeitest dich von hinten an sie heran.«

»Und was ist mit mir?« protestierte Jierdan.

»Du bleibst bei dem Mädchen!« befahl Entreri so geistesabwesend, als spräche er zu einem Diener. Damit er sich keine Einwände anhören mußte, wirbelte er hastig herum und machte sich davon.

Sydney drehte sich nicht einmal um, um Jierdan einen Blick zuzuwerfen, während sie auf Boks Rückkehr wartete. Sie hatte keine Zeit für derartiges Gezänk und fand, daß sie sich nicht die Mühe zu machen brauchte, wenn Jierdan nicht für sich sprechen konnte.

»Tu etwas«, flüsterte Catti-brie Jierdan zu, »nicht für mich, sondern für dich!« Er sah sie an. Sein Blick war nicht wütend, sondern eher neugierig und empfänglich für jeden Vorschlag, der ihm aus dieser ungemütlichen Lage helfen konnte.

»Die Magierin hatte doch jede Achtung vor dir verloren«, fuhr Catti-brie fort. »Entreri hat deine Stelle eingenommen, und sie wird jetzt eher zu ihm als zu dir halten. Das ist deine Chance, etwas zu tun, und meiner Meinung nach ist es auch deine letzte! Es ist an der Zeit, daß du der Magierin deinen Wert zeigst, Soldat aus Luskan!«

Jierdan schaute sich nervös um. Bei allen Machenschaften, die er von dieser Frau erwartete, hatten ihre Worte einen wahren Kern, der ihn von der Richtigkeit ihrer Einschätzung überzeugte.

Sein Stolz gewann die Oberhand. Er wirbelte auf Catti-brie zu und schlug sie zu Boden, dann stürzte er an Sydney vorbei und folgte Entreri.

»Wohin gehst du?« rief Sydney ihm nach, aber Jierdan war an sinnlosen Gesprächen nicht mehr interessiert.

Überrascht und verwirrt wandte sich Sydney ab, um nach der Gefangenen zu sehen. Damit hatte Catti-brie gerechnet, und sie stöhnte und wand sich auf dem harten Stein, als wäre sie bewußtlos. In Wirklichkeit war sie Jierdans Schlag schnell genug ausgewichen, so daß er sie kaum berührt hatte. Sie war voll und klar bei Bewußtsein und hatte ihre Bewegungen so berechnet, daß sie ihre gefesselten Hände über die Beine streifen und nach vorne bringen konnte.

Sydney war durch Catti-bries Schau zufriedengestellt und schenkte jetzt allein der bevorstehenden Konfrontation zwischen ihren beiden Kameraden ihre ganze Aufmerksamkeit. Sie hörte, daß sich Jierdan Entreri näherte, der mit gezogenem Dolch und Säbel zu ihm herumwirbelte.

»Du sollst doch bei dem Mädchen bleiben!« zischte er.

»Ich bin nicht auf diese Reise mitgekommen, um deine Gefangene zu bewachen!« entgegnete Jierdan, der seinerseits sein Schwert in der Hand hielt.

Das typische Grinsen flog über Entreris Gesicht. »Geh zurück!« befahl er Jierdan zum letzten Mal, obwohl er wußte, daß der stolze Soldat nicht umkehren würde. Darüber freute er sich jedoch auch.

Jierdan tat noch einen Schritt nach vorne.

Und Entreri griff an.

Jierdan war ein erfahrener Krieger und hatte in vielen Schlachten gekämpft. Falls Entreri geglaubt hatte, ihn mit einem einzigen Hieb ins Jenseits befördern zu können, hatte er sich geirrt. Jierdan wehrte mit seinem Schwert den Hieb ab und schlug zurück.

Aufgrund der offenen Verachtung, mit der Entreri Jierdan behandelt hatte, und weil sie den Stolz des Soldaten kannte, hatte Sydney diese Auseinandersetzung seit ihrem Abmarsch vom Hauptturm befürchtet. Es war ihr gleich, ob einer von ihnen jetzt sterben müßte – ihrer Einschätzung nach würde es eher Jierdan sein –, aber sie duldete nicht, daß ihre Mission gefährdet wurde. Wenn sich der Dunkelelf in ihrer Gewalt befand, konnten Entreri und Jierdan ihren Streit immer noch beilegen.

»Geh zu ihnen!« befahl sie dem Golem, der gerade ankam. »Halte diesen Kampf auf!« Bok änderte unverzüglich seine Richtung und eilte auf die Kontrahenten zu. Sydney, die entrüstet den Kopf schüttelte, glaubte, daß bald alles wieder unter Kontrolle sein würde und sie ihre Jagd fortsetzen könnten.

Dabei übersah sie jedoch, daß Catti-brie sich hinter ihr erhoben hatte.

Catti-brie wußte, daß sie nur diese eine Chance hatte. Sie schlich sich lautlos näher und schlug ihre gefesselten Hände der Magierin ins Genick. Sydney stürzte sofort auf die harten Steine, und Catti-brie lief an ihr vorbei in den Wald hinein. Das Blut pochte ihr in den Adern. Sie mußte so dicht wie möglich an ihre Freunde herankommen, damit sie einen deutlichen Warnschrei ausstoßen konnte, bevor ihre Feinde sie überwältigen konnten.

Kaum war Catti-brie zwischen den Bäumen verschwunden, als sie Sydney keuchen hörte: »Bok!«

Unverzüglich machte der Golem kehrt. Catti-brie hatte zwar einen Vorsprung, aber mit seinen großen Schritten holte er schnell auf.

Selbst wenn Jierdan und Entreri ihre Flucht bemerkt haben sollten, waren sie doch zu sehr durch ihren Kampf gebunden, um sich mit ihr beschäftigen zu können.

»Mich wirst du nicht noch einmal beleidigen!« schrie Jierdan über das Waffengeklirr.

»Aber natürlich werde ich das!« zischte Entreri. »Es gibt viele Möglichkeiten, eine Leiche auseinanderzunehmen, du Narr, und eines solltest du wissen: daß ich jede einzelne an deinen stinkenden Knochen ausprobieren werde.« Er griff Jierdan jetzt energisch an. Seine Konzentration war dabei ausschließlich auf seinen Gegner gerichtet, und seine Klingen gewannen in diesem Tanz tödliche Stoßkraft.

Jierdan erwiderte mutig Entreris Hiebe, aber dem geübten Meuchelmörder gelang es mühelos, ihn mit flinken Paraden und raffinierten Manövern zu bedrängen. Bald hatte der Soldat seine Kenntnisse in Ablenkungsangriffen und Hieben erschöpft, sein Ziel hatte er jedoch noch nicht einmal annähernd erreicht. Schon sehr bald während dieses Kampfes wurde ihm bewußt, daß er vor Entreri ermüden würde.

Sie tauschten mehrere Schläge ab. Entreris Bewegungen wurden immer schneller, während Jierdans zweihändig geführten Hiebe dagegen unendlich langsam schienen. Der Soldat hatte gehofft, daß Sydney sich einmischen würde.

Entreri war es bestimmt nicht entgangen, daß es ihm an Ausdauer fehlte, und es war ihm unbegreiflich, warum sich die Magierin völlig aus dem Kampf heraushielt. Mit wachsender Verzweiflung sah er sich um. Auf einmal erspähte er Sydney, die mit dem Gesicht auf den Steinen lag.

Ein ehrenhafter Ausweg, dachte er, weil er um sein Leben bangte. »Die Magierin!« rief er Entreri zu. »Wir müssen ihr helfen!« Seine Worte blieben ungehört.

»Und das Mädchen!« kreischte Jierdan. Er hoffte, damit das Interesse des Meuchelmörders zu wecken. Er versuchte, sich dem Kampf zu entziehen, sprang von Entreri zurück und senkte sein Schwert. »Wir werden den Kampf später fortführen«, verkündete er in drohendem Ton, obwohl er keineswegs die Absicht hatte, sich mit dem Meuchelmörder noch einmal auf einen fairen Kampf einzulassen.

Entreri gab keine Antwort, senkte aber ebenfalls die Klingen. Jierdan, der stets ehrenhafte Soldat, drehte ihm den Rücken zu, um nach Sydney zu sehen.

Ein juwelenbesetzter Dolch bohrte sich in seinen Rücken.

Catti-brie taumelte weiter. Sie war unfähig, mit den gefesselten Händen das Gleichgewicht zu halten. Ständig rutschte sie auf losen Steinen aus, und mehr als einmal stolperte sie und fiel zu Boden. Aber flink wie eine Katze war sie wieder schnell auf den Beinen.

Doch Bok war schneller.

Catti-brie stürzte wieder und wälzte sich über die scharfe Kante eines Steins. Sie kletterte gerade einen gefährlichen Hang mit schlüpfrigen Steinen hinunter, als sie die Schritte des Golems hinter sich stampfen hörte. Sie wußte, daß sie ihm unmöglich davonlaufen konnte. Aber sie hatte keine andere Wahl. Der Schweiß brannte ihr in unzähligen Kratzern und schmerzte ihr in den Augen, und ihre Hoffnung schwand. Trotzdem lief sie weiter. Sie weigerte sich einfach, sich ihrem unvermeidlichen Ende zu fügen.

Trotz ihrer Verzweiflung und ihrer Angst fand sie die Kraft, nach einer Lösung zu suchen. Der Hang senkte sich noch etwa sechs Meter nach unten, und direkt neben ihr erhob sich der schlanke, faulende Stamm eines abgestorbenen Baums. Ihr fiel ein Plan ein, der zwar verzweifelt war, ihr aber dennoch so viel Hoffnung schenkte, daß sie es auf einen Versuch ankommen lassen wollte. Sie blieb einen Augenblick stehen, begutachtete die Wurzeln des faulenden Stammes und versuchte, abzuschätzen, ob wohl ein Entwurzeln des Baums entscheidende Wirkung auf die Steine haben könnte.

Dann ging sie einige Meter den Hang hinauf, kauerte sich nieder und wartete auf ihren tollkühnen Sprung. Bok erreichte den Kamm und steuerte auf sie los. Unter den schweren Schritten seiner gestiefelten Füße flogen die Steine hoch. Er war direkt hinter ihr und streckte seine entsetzlichen Arme aus.

Da sprang Catti-brie.

Als sie den Baumstamm erreichte, hängte sie das Seil, mit dem ihre Hände gefesselt waren, über ihn und ließ ihr ganzes Gewicht auf den Halt wirken, den ihm seine Wurzeln noch gaben.

Bok durchschaute ihre Absicht nicht und schleppte sich hinterher. Selbst als der Stamm umstürzte und die toten Wurzeln aus dem Boden gerissen wurden, erkannte der Golem die Gefahr immer noch nicht. Während sich die losen

Steine bewegten und ins Rutschen kamen, blieb Bok völlig auf sein Opfer konzentriert.

Catti-brie sprang weiter vorwärts dem Steinschlag aus dem Weg. Sie versuchte nicht einmal aufzustehen, sondern rollte und kroch trotz der Schmerzen weiter, um den Abstand zwischen sich und dem rutschenden Hang um jeden Zentimeter zu vergrößern. Durch ihre Entschlossenheit erreichte sie den dicken Stamm einer Eiche. Sie wälzte sich dahinter und schaute zum Hang zurück.

Sie konnte gerade noch sehen, wie der Golem unter den Geröllmassen begraben wurde.

Das Geheimnis vom Tal der Hüter

»Das Tal der Hüter«, erklärte Bruenor feierlich. Die Gefährten standen auf einem hohen Felsvorsprung und sahen einige hundert Meter tief auf den aufgesprungenen Boden einer tiefen Schlucht.

»Wie sollen wir denn da hinunterkommen?« keuchte Regis, denn alle Wände schienen völlig senkrecht abzufallen, als wäre das Tal absichtlich aus dem Stein gehauen worden.

Natürlich führte ein Weg nach unten, und Bruenor, der sich immer noch von seinen Jugenderinnerungen leiten ließ, kannte ihn gut. Er führte seine Freunde um den östlichen Rand der Schlucht herum und sah zurück auf die Gipfel der drei nächsten Berge im Westen. »Wir befinden uns auf dem Vierten Gipfel«, erklärte er, »der seinen Namen daher erhalten hat, daß er neben den drei anderen steht.«

Und dann begann der Zwerg »Drei Gipfel wie ein einziger« zu singen. Es war eine Zeile aus einem uralten, langen Lied, das allen jungen Zwergen in Mithril-Halle beigebracht worden war, bevor sie überhaupt alt genug waren, um sich aus den Minen zu wagen.

»Drei Gipfel wie ein einziger,
Hinter dir die Morgensonne.«

Bruenor bewegte sich hin und her, bis er die drei westlichen Berge in einer geraden Linie sah, dann ging er langsam zum äußersten Rand der Schlucht und warf einen Blick hinunter. »Wir haben den Eingang zum Tal gefunden«, erklärte er ruhig, obwohl sein Herz bei dieser Entdeckung heftig schlug.

Die drei anderen stellten sich neben ihn. Direkt unter dem Rand sahen sie eine grob behauene Stufe, die erste von vielen, die an der Felswand hinunterführten und so gefärbt waren, daß sie völlig mit ihr übereinstimmten, so daß die ganze Anlage von einem anderen Blickwinkel nicht zu sehen war.

Regis fiel fast in Ohnmacht, als er hinunterschaute. Ihn überwältigte der Gedanke, einige hundert Meter auf einer schmalen Treppe ohne Geländer hinabsteigen zu müssen. »Wir werden uns in den Tod stürzen!« kreischte er und wich zurück.

Aber wieder fragte Bruenor nicht nach Meinungen oder Einwänden. Er begann den Abstieg, und Drizzt und Wulfgar folgten ihm, so daß Regis nichts anderes übrigblieb, als sich ihnen anzuschließen. Drizzt und Wulfgar hatten jedoch Mitleid mit ihm und halfen ihm, so gut sie konnten. Als der Wind stärker wurde, trug Wulfgar ihn sogar.

Selbst mit Bruenor als Führer verlief der Abstieg zaghaft und langsam, und es schien ihnen Stunden zu dauern, bis sie sich dem Steinboden des Tals ein wenig genähert hatten.

»Fünfhundert nach links, und dann noch weitere hundert«, sang Bruenor, als sie schließlich im Tal angelangt waren. Der Zwerg ging die Felswand nach Süden entlang und zählte seine Schritte. Die Freunde folgten ihm an hochragenden Steinsäulen vorbei, riesigen Monolithen aus einem anderen Zeitalter, die vom Rand der Schlucht aus lediglich wie Schutthaufen ausgesehen hatten. Selbst Bruenor, dessen Vorfahren viele Jahrhunderte hier gelebt hatten, kannte keine einzige Geschichte über die Entstehung der Monolithen oder ihren Zweck. Aber welche Gründe auch zu ihrer Entstehung geführt hatten, sie hatten seit unzähligen Jahrhunderten in dem Tal stumm und eindrucksvoll Wache gehalten. Sie waren schon lange vor der Ankunft der Zwerge dagewesen. Mit ihren unheilvollen Schatten ließen sie jeden Sterblichen, der es jemals hierher geschafft hatte, noch kleiner erscheinen.

Und die Säulen zwangen den Wind zu einem schaurigen und jammernden Stöhnen und vermittelten den Eindruck, als sei der ganze Talboden etwas Überirdisches, zeitlos wie die Feste, und drängten dem Betrachter die Erkenntnis auf, daß er sterblich war, als wollten sie die Lebenden mit ihrer zeitlosen Existenz verhöhnen.

Bruenor, den der Eindruck der Steinsäulen nicht berührte, hörte mit dem Zählen auf.

»Fünfhundert nach links,
Und dann noch weitere hundert.
Die verborgenen Umrisse der Geheimtür.«

Er untersuchte die Wand neben sich nach einem Zeichen, das auf den Eingang zu den Hallen hindeutete.

Auch Drizzt tastete mit seinen empfindlichen Fingern den glatten Stein ab. »Bist du dir sicher?« fragte er den Zwerg nach langen Minuten des Suchens, als er nicht einmal Risse gefühlt hatte.

»Ja!« erklärte Bruenor. »Mein Volk hat äußerst raffinierte Werke geschaffen, und ich befürchte, die Tür ist zu gut versteckt, als daß wir sie leicht finden können.«

Regis kam hinzu und half ihnen, während Wulfgar, der sich im Schatten der Monolithen unbehaglich fühlte, hinter ihrem Rücken Wache hielt.

Nur wenige Sekunden später fiel dem Barbaren Bewegung in der Richtung auf, aus der sie gekommen waren. Schutzsuchend bückte er sich und hielt Aegisfang fest umklammert. »Gäste«, sagte er zu seinen Freunden, und sein Flüstern hallte nach, als würden sich die Monolithen über seine Heimlichtuerei lustig machen.

Drizzt schnellte hinter die nächste Säule und machte sich auf den Weg zurück, wobei er sich von Wulfgars starrem Blick leiten ließ. Erzürnt über die Unterbrechung, zog Bruenor ein kleines Beil aus dem Gürtel und stellte sich kampfbereit neben dem Barbaren auf, während Regis hinter ihnen blieb.

Dann hörten sie Drizzt auf einmal »Catti-brie!« rufen und waren zu erleichtert und erfreut, um innezuhalten und nachzudenken, was ihre Freundin den ganzen Weg von Zehn-Städte hierhergeführt haben könnte oder wie sie zu ihnen gefunden hatte.

Doch das Lächeln verging ihnen unverzüglich, als das Mädchen zerschlagen und blutend auf sie zutaumelte. Sie eilten ihr entgegen; nur der Dunkelelf, der daran dachte, daß ihr jemand folgen könnte, glitt zwischen die Monolithen und hielt Ausschau.

»Was führt dich denn hierher?« rief Bruenor, ergriff Catti-brie und umarmte sie. »Und wer hat dich verletzt? Er wird meine Hände an seinem Hals zu spüren bekommen!«

»Und meinen Hammer!« fügte Wulfgar hinzu, der bei dem bloßen Gedanken, daß jemand Catti-brie geschlagen hatte, in Wut geriet.

Regis blieb etwas abseits stehen. Ihm dämmerte, was geschehen war.

»Fender Mallot und Grollo sind tot«, berichtete Catti-brie Bruenor.

»Sie waren auf der Reise mit dir? Aber warum?« fragte der Zwerg.

»Nein, in Zehn-Städte«, antwortete Catti-brie. »Ein Mann, ein Meuchelmörder, war dort auf der Suche nach Regis. Ich habe ihn verfolgt, weil ich versuchen wollte, euch vor ihm zu warnen, aber er hat mich erwischt und weggeschleppt.«

Bruenor warf dem Halbling einen finsteren Blick zu, doch der war inzwischen noch weiter zurückgewichen und ließ den Kopf hängen.

»Ich habe doch schon gewußt, daß du in Schwierigkeiten steckst, als du uns hinter den Städten auf der Straße nachgerannt bist!«

»Sein Name ist Entreri«, gab Regis zu. »Artemis Entreri. Er kommt aus Calimhafen von Pascha Pook.« Er zog den Rubinanhänger hervor. »Deswegen.«

»Aber er ist nicht allein«, fügte Catti-brie hinzu. »Einige Zauberer aus Luskan suchen Drizzt.«

»Aus welchem Grund?« fragte der Dunkelelf aus dem Schatten.

Catti-brie zuckte die Achseln. »Sie haben sich nicht die Mühe gemacht, mir den Grund zu verraten, aber ich vermute, daß es etwas mit Akar Kessell zu tun hat.«

Drizzt verstand das alles sofort. Sie suchten den Gesprungenen Kristall, das mächtige Relikt, das unter einer Lawine auf Kelvins Steinhügel vergraben worden war.

»Wie viele?« fragte Wulfgar. »Und wie weit sind sie hinter uns?«

»Es waren drei«, antwortete Catti-brie. »Der Meuchelmörder, eine Magierin und ein Soldat aus Luskan. Sie hatten ein Monster bei sich. Sie nannten es Golem. So etwas habe ich vorher noch nie gesehen.«

»Golem«, wiederholte Drizzt leise. Er hatte in der Unterwelt viele dieser Kreaturen in der Stadt der Dunkelelfen gesehen, gewaltige Monster mit unsterblicher Treue zu ihren Schöpfern. Es mußte sich wahrhaftig um mächtige Feinde handeln, wenn sie so ein Monster mit sich führten.

»Aber er ist vernichtet«, erzählte Catti-brie weiter. »Er hat mich auf meiner Flucht verfolgt und hätte mich bestimmt erwischt. Aber ich habe ihn an der Nase herumgeführt und einen ganzen Berg Steine auf seinen Kopf fallen lassen!«

Bruenor drückte sie noch einmal ganz fest an sich. »Gut gemacht, mein Mädchen«, flüsterte er.

»Und außerdem habe ich den Soldaten und den Meuchelmörder in einem schrecklichen Kampf zurückgelassen«, fuhr Catti-brie fort. »Einer ist vermutlich tot, wahrscheinlich der Soldat. Eine Schande ist das, denn er war eigentlich einer von der anständigen Sorte.«

»Trotzdem hätte er meine Klinge gespürt, weil er diese Schufte unterstützt hat«, knurrte Bruenor. »Aber genug von dieser Geschichte. Wir werden später Zeit zum Erzählen haben. Du stehst vor der Halle, Mädchen, weißt du das? Du wirst bald mit deinen eigenen Augen die Pracht sehen, von der ich dir die ganzen Jahre über erzählt habe! Ruh dich jetzt aus!« Er drehte sich um und wollte gerade Wulfgar bitten, sich um sie zu kümmern, als sein Blick auf Regis fiel. Den Halbling quälten düstere Gedanken. Er stand mit hängendem Kopf da und fragte sich, ob er seinen Freunden diesmal nicht zu sehr zugesetzt hatte.

»Fürchte dich nicht, mein Freund«, tröstete Wulfgar ihn, als er Regis' Kummer sah. »Du hast das getan, um zu überleben. Darin liegt keine Schande. Aber trotzdem hättest du uns von der Gefahr erzählen sollen!«

»Ach, Kopf hoch, Knurrbauch!« keifte Bruenor ihn an. »Wir haben doch nie etwas anderes von dir erwartet, du nichtsnutziger Gauner! Glaub ja nicht, daß wir überrascht sind!« Bruenors Wut, die manchmal ein Eigenleben zu führen schien, mischte sich plötzlich ein, als er so dastand und den Halbling ausschimpfte.

»Wie kannst du es wagen, uns so etwas anzutun?« brüllte er auf einmal Regis an, schob Catti-brie zur Seite und machte einen Schritt nach vorne. »Und das direkt hier in meiner Heimat!«

Wulfgar stellte sich schnell zwischen Bruenor und Regis, obwohl ihn die jähe Veränderung an dem Zwerg wirklich verblüffte. Noch nie hatte er erlebt, daß Bruenor sich von seinen Gefühlen derart mitreißen ließ. Auch Catti-brie sah ihn wie gelähmt an.

»Es war nicht die Schuld des Halblings«, sagte sie. »Die Zauberer wären sowieso gekommen!«

Drizzt kehrte zu ihnen zurück. »Bis jetzt hat noch niemand die Stufen erreicht«, berichtete er, aber als er die kleine Gruppe überblickte, wurde ihm klar, daß ihm niemand zuhörte.

Ein langes, ungemütliches Schweigen legte sich über sie, bis es schließlich von Wulfgar gebrochen wurde. »Wir sind auf dieser Reise zu weit gekommen, als daß wir uns jetzt streiten und gegenseitig bekämpfen sollten!« schimpfte er Bruenor aus.

Bruenor sah ihn sprachlos an. Er wußte nicht, wie er auf diesen ungewöhnlichen Ausbruch reagieren sollte, mit dem sich Wulfgar gegen ihn gestellt hatte. »Pah!« machte der Zwerg schließlich. »Der närrische Halbling bringt uns noch einmal den Tod ... aber macht euch ja keine Sorgen!« knurrte er ironisch und ging wieder zu der Wand hinüber, um nach dem Eingang zu suchen.

Drizzt musterte den mürrischen Zwerg neugierig, war aber im Augenblick mehr mit Regis beschäftigt. Dem Halbling ging es ganz schlecht, er hockte auf dem Boden und schien alle Energie zum Weitermachen verloren zu haben. »Faß dir ein Herz«, tröstete Drizzt ihn. »Bruenors Zorn wird schon noch verrauchen. Das Ziel seiner Träume macht ihm zu schaffen.«

»Und diesem Meuchelmörder, der deinen Kopf will«, fügte Wulfgar hinzu, der sich zu den beiden gesellt hatte, »wird ein riesiger Empfang zuteil, wenn er hierherkommt. Falls er überhaupt kommt.« Wulfgar schlug auf den Kopf seines Kriegshammers. »Möglicherweise können wir seine Meinung über diese Jagd ändern!«

»Wenn wir in den Minen sind, verlieren sie vielleicht unsere Spur«, sagte Drizzt zu Bruenor. Er wollte damit dessen Zorn weiter dämpfen.

»Sie werden die Treppe bestimmt nicht finden«, meinte Catti-brie. »Ich hatte große Schwierigkeiten, sie auszumachen, obwohl ich euch beim Hinuntersteigen beobachtet habe.«

»Ich würde ihnen lieber jetzt gleich begegnen«, verkündete Wulfgar. »Sie haben einiges zu erklären, und sie werden meiner Strafe für die Art und Weise, wie sie Catti-brie behandelt haben, nicht entgehen.«

»Hüte dich vor dem Meuchelmörder«, warnte Catti-brie ihn. »Seine Klingen verheißen den Tod, und da gibt es kein Vertun!«

»Wir haben keine Zeit zu verlieren!« sagte Bruenor, der damit jeglichen Einwänden des großen Barbaren ein Ende bereitete. »Ich stehe vor Mithril-Halle und will da hineingehen. Sollen sie uns doch folgen, wenn sie sich trauen!« Er drehte sich zur Wand, um die Suche fortzusetzen, und rief Drizzt zu sich. »Halte Wache, Junge!« befahl er Wulfgar. »Und kümmere dich um mein Mädchen!«

»Vielleicht gibt es ein Öffnungswort?« überlegte Drizzt, als er mit Bruenor allein vor der nichtssagenden Wand stand.

»Ja«, antwortete Bruenor, »es gibt ein Wort. Aber die Magie, die damit verbunden ist, verliert sich nach einiger Zeit, und ein neues Wort muß genannt werden. Es war aber niemand hier, um es zu nennen!«

»Dann versuch das alte!«

»Das habe ich ja, Elf, dutzendmal, seitdem wir hier sind.« Bruenor schlug mit der Faust gegen den Stein. »Ich weiß, daß es noch einen Weg gibt«, knurrte er enttäuscht.

»Du wirst dich schon erinnern«, versicherte Drizzt ihm, und dann setzten sie die Untersuchung der Wand fort.

Aber selbst die dickköpfige Entschlossenheit eines Zwerges fruchtete hier nichts. Die Nacht brach herein, und die Freunde saßen im Dunkeln vor dem Eingang. Sie wagten nicht einmal, ein Feuer anzuzünden, um nicht die Aufmerksamkeit ihrer Verfolger zu erregen. Von allen Strapazen ihrer Reise war diese Warterei so dicht vor ihrem Ziel vielleicht die nervenaufreibendste. Bruenor begann, Zweifel zu hegen, und fragte sich, ob sie dort wirklich vor dem Eingang waren. Daher wiederholte er das Lied, das er in seiner Kindheit in Mithril-Halle gelernt hatte, ununterbrochen und suchte nach Hinweisen, die ihm vielleicht entgangen waren.

Die anderen schliefen unruhig, besonders Catti-brie, die wußte, daß ihnen der lautlose Tod durch die Klinge eines Meuchelmörders auf den Fersen war. Sie hätten überhaupt kein Auge zutun können, wenn sie nicht gewußt hätten, daß die scharfen, immer wachsamen Augen eines Dunkelelfen wachten.

☆ ☆ ☆

Einige Meilen von ihnen entfernt war am Pfad ein ähnliches Lager errichtet worden. Entreri stand ruhig da und spähte zu den östlichen Bergen nach Zeichen eines Lagerfeuers hinüber, obwohl er bezweifelte, daß die Freunde so achtlos sein würden, eines anzuzünden, falls Catti-brie sie gefunden und gewarnt hatte. Hinter ihm lag Sydney in eine Decke gehüllt auf den kalten Steinen und erholte sich von dem Schlag, den sie von Catti-brie erhalten hatte.

Der Meuchelmörder hatte in Erwägung gezogen, sie zu verlassen – normalerweise hätte er keinen zweiten Gedanken daran verschwendet –, aber er brauchte sowieso Zeit, um sich auf die neue Situation einzustellen und sich Gedanken über die beste Vorgehensweise zu machen.

Die Dämmerung kam, und er stand immer noch still und reglos da. Hinter ihm erwachte die Magierin.

»Jierdan?« rief sie benommen. Entreri trat zurück und hockte sich zu ihr.

»Wo ist Jierdan?« fragte sie.

»Tot«, antwortete Entreri ohne jede Reue in der Stimme. »Und der Golem genauso.«

»Bok?« stieß Sydney hervor.

»Er ist bei einem Steinschlag umgekommen«, erklärte Entreri.

»Und das Mädchen?«

»Verschwunden.« Entreri sah zurück in den Osten. »Sobald ich dich versorgt habe, werde ich verschwinden«, teilte er ihr mit. »Unsere gemeinsame Jagd endet hier.«

»Aber sie sind doch ganz in der Nähe«, wandte Sydney ein.

»Willst du deine Jagd denn aufgeben?«

Entreri grinste. »Der Halbling gehört mir«, entgegnete er ruhig, und Sydney bezweifelte nicht, daß er die Wahrheit sagte. »Aber ein gemeinsames Vorgehen gibt es nicht mehr: Ich werde zu meiner Jagd zurückkehren und du zu deiner. Aber ich warne dich: Wenn du dir nimmst, was mir gehört, wirst du mein nächstes Opfer sein.«

Sydney dachte sorgfältig über diese Worte nach. »Wo ist Bok umgekommen?« fragte sie, weil ihr plötzlich etwas einfiel.

Entreri sah auf den Weg Richtung Osten. »In einem Tal hinter dem Wald.«

»Bring mich dorthin!« verlangte Sydney. »Ich muß dort unbedingt etwas erledigen.«

Entreri half ihr beim Aufstehen und führte sie den Weg hinunter. Er hatte vor, sich von ihr zu trennen, wenn sie ihre Aufgabe erledigt hatte. Im Laufe der Zeit hatte er die junge Magierin und ihren Pflichteifer schätzen gelernt, und er vertraute auch darauf, daß sie ihm nicht in die Quere kommen würde. Sydney war keine Zauberin und konnte es mit ihm nicht aufnehmen. Beide wußten, daß seine Achtung vor ihr sie nicht vor seiner Klinge schützen würde, wenn sie seine Pläne durchkreuzte.

Sydney betrachtete sorgfältig den steinigen Hang, dann wandte sie sich mit einem überlegenen Lächeln an Entreri. »Du hast gesagt, unsere gemeinsame Suche sollte hier enden, aber du irrst dich. Wir beide können dir immer noch sehr nützlich sein, Meuchelmörder.«

»Ihr beide?«

Sydney drehte sich wieder um. »Bok!« rief sie laut und hielt den Blick auf den Hang gerichtet.

Entreri sah verwirrt aus. Schließlich musterte auch er die Steine, bemerkte aber kein Zeichen von Bewegung.

»Bok!« rief Sydney noch einmal, und auf einmal rührte sich wirklich etwas. Unter den Findlingen polterte es, und dann wurde ein Felsklotz bewegt und in die Luft gehoben. Unter ihm stand der Golem und richtete sich auf. Arg in Mitleidenschaft gezogen und zerschlagen, aber offenbar ohne Schmerzen zu empfinden, schleuderte er den großen Stein fort und kam auf seine Herrin zu.

»Ein Golem ist nicht so einfach zu vernichten«, erklärte Sydney und empfand große Genugtuung über den verblüfften Ausdruck in Entreris normalerweise so nichtssagendem Gesicht. »Bok hat immer noch eine Straße zu begehen, und die wird er nicht ohne weiteres aufgeben.«

»Eine Straße, die uns wieder zu dem Dunkelelfen führen wird«, lachte Entreri. »Komm, meine Gefährtin«, sagte er zu Sydney, »laß uns unsere Jagd fortsetzen.«

☆ ☆ ☆

Bei Anbruch der Dämmerung waren die Freunde immer noch nicht weitergekommen. Bruenor stand wieder vor der Wand und stieß einen Schwall geheimnisvoller Worte aus, von denen jedoch die meisten offensichtlich nichts mit Öffnungswörtern zu tun hatten.

Wulfgar ging das Problem anders an. Er ging davon aus, daß ein hohles Echo sicherstellen würde, ob sie am Eingang standen. Daher bewegte er sich an der Wand entlang, klopfte jedes Stelle mit Aegisfang ab und horchte. Vollendet verarbeitet, wie der Hammer war, hallte er von dem massiven Stein wider.

Aber ein Schlag verfehlte sein Ziel. Wulfgar führte den Kopf des Hammers an die Wand, aber als dieser diesmal mit dem Stein in Berührung kam, leuchtete ein blaues Licht auf. Wulfgar wich verblüfft zurück. In der Wand wurden Risse und schließlich der Umriß einer Tür sichtbar. Ein Felsblock bewegte sich und ließ sich nach innen schieben. Schon bald gab er eine Öffnung frei und ließ die Eingangshalle der Zwergenheimat erkennen. Luft, die seit Jahrhunderten eingeschlossen war und den Geruch des Alters mit sich trug, wehte ihnen entgegen.

»Eine magische Waffe!« schrie Bruenor. »Wer sie trug, wurde von meinem Volk in den Minen akzeptiert, sonst niemand!«

»Wenn Besucher hierherkamen, traten sie also ein, indem sie mit einer magischen Waffe an die Tür klopften?« fragte Drizzt.

Der Zwerg nickte, aber seine Aufmerksamkeit war ganz und gar auf die Düsterkeit hinter der Wand gerichtet. Der Saal vor ihnen war nicht beleuchtet, wenn man von dem Tageslicht absah, das durch die offene Tür drang, aber in einem Korridor hinter der Eingangshalle konnten sie das Flackern von Fackeln sehen.

»Hier ist jemand«, stellte Regis fest.

»Nein, nein«, widersprach Bruenor, auf den viele lang vergessene Bilder von Mithril-Halle einströmten. »Die Fackeln brennen immer, ein Zwergenleben lang und noch länger.« Er trat durch das Portal und wirbelte Staub auf, der sich dort im Laufe der zweihundert Jahren angesammelt hatte.

Seine Freunde ließen ihn einen Augenblick allein, dann folgten sie ihm feierlich. In dem Saal lagen die Leichen vieler

Zwerge. Eine Schlacht war hier ausgetragen worden, die letzte Schlacht von Bruenors Sippe, bevor sie aus ihrer Heimat vertrieben worden war.

»Jetzt sehe ich mit meinen eigenen Augen, daß die Geschichten stimmen«, murmelte der Zwerg. Er wandte sich an seine Freunde: »Nachdem ich mit den anderen jungen Zwergen in Siedelstein eingetroffen war, erreichte uns das Gerücht von einer großen Schlacht in der Eingangshalle. Einige gingen zurück, um zu überprüfen, inwieweit das der Wahrheit entsprach, aber sie sind niemals zu uns zurückgekehrt.«

Bruenor brach in seiner Erzählung ab, und unter seiner Führung untersuchten die Gefährten die nähere Umgebung. Skelette von Zwergen lagen unverändert dort, wo sie gestürzt waren. Rüstungen aus Mithril, verstaubt, aber nicht verrostet glänzten wieder, sobald man mit der Hand über sie fuhr, und zeugten deutlich vom Untergang der Sippe Heldenhammer. Verschlungen mit diesen Toten waren andere, ähnliche Skelette in seltsam gearbeiteten Rüstungen, als ob sich bei diesem Kampf Zwerge gegenübergestanden hätten. Es war ein Rätsel, das das Verständnis der oberirdischen Bewohner überstieg, aber Drizzt Do'Urden wußte, was geschehen war. In der Stadt der Dunkelelfen hatte er die Duergar, die bösen Dunkelzwerge, als deren Verbündete kennengelernt. Die Duergar waren das zwergische Gegenstück zu den Dunkelelfen, und weil ihre Vettern manchmal zu tief in der Erde gruben und Bereiche erreichten, die sie beanspruchten, war der Haß zwischen den Zwergenrassen sogar noch ausgeprägter als bei den Elfenrassen. Angesichts der Skelette der Duergar konnte sich Drizzt einiges erklären, aber auch Bruenor erkannte die seltsamen Rüstungen wieder und verstand jetzt erst, wer seine Sippe aus Mithril-Halle vertrieben hatte. Drizzt wußte, daß Bruenor ganz schön in Bedrängnis kommen würde, wenn er die Minen zurückforderte, falls die grauen Zwerge hier noch weilten.

Die magische Tür schlug hinter ihnen zu, und dadurch war es in dem Saal noch dunkler. Catti-brie und Wulfgar traten näher zusammen, da sie sich so sicherer fühlten. Ihre Augen waren zu schwach, als daß sie sich in der Dunkelheit zurechtfinden konnten. Regis hingegen lief herum und durchsuchte die Zwergenskelette nach Edelsteinen.

Auch Bruenor hatte etwas Interessantes erspäht. Er ging auf zwei Skelette zu, die Rücken an Rücken lagen. Sie waren von den Skeletten zahlloser grauer Zwerge umgeben, und allein diese Tatsache sagte Bruenor, wer diese zwei sein mußten, noch bevor er den schäumenden Bierkrug auf ihren Schilden sah.

Drizzt folge ihm in einigem Abstand.

»Bangor, mein Vater«, erklärte Bruenor. »Und Garumn, der Vater meines Vaters, König von Mithril-Halle. Zweifellos haben sie mächtig aufgeräumt, bevor sie fielen!«

»So mächtig wie der nächste in ihrer Linie«, bemerkte Drizzt.

Bruenor nahm das Kompliment schweigend entgegen und bückte sich, um den Staub von Garumns Helm zu entfernen. »Garumn trägt immer noch die Rüstung und die Waffen von Bruenor, meinem Namensvetter und dem Helden meiner Sippe. Vermutlich haben sie diesen Platz vor ihrem Tod mit einem Fluch belegt«, sagte er, »denn die grauen Zwerge sind nicht zum Plündern zurückgekehrt.«

Drizzt hielt diese Erklärung für zutreffend, da er die Kraft eines Fluches kannte, den ein König ausspricht, wenn seine Heimat dem Untergang geweiht ist.

Ehrfürchtig hob Bruenors Garumns Überreste auf und trug sie in eine Nebenkammer. Drizzt folgte ihm nicht, sondern beschloß, den Zwerg eine Weile ungestört zu lassen. Er kehrte zu Catti-brie und Wulfgar zurück und machte ihnen die Bedeutung dessen, was sie rundherum sahen, begreiflich.

Geduldig warteten sie viele Minuten lang, stellten sich den Verlauf der heldenhaften Schlacht vor, die hier stattgefunden hatte, und hörten deutlich das Klirren von Äxten, die gegen Schilde schlugen, und die mutigen Kriegsschreie der Sippe Heldenhammer.

Schließlich kehrte Bruenor zurück, und selbst die großartigsten Bilder, die sich die Freunde ausgemalt hatten, verblaßten bei dem Anblick, der sich ihnen bot. Regis ließ die wenigen Steine fallen, die er gefunden hatte, so verblüfft war er. Ihn packte die Angst, daß ein Geist aus der Vergangenheit gekommen sei, um ihm einen Strich durch die Rechnung zu machen.

Seinen zerbeulten Schild hatte Bruenor abgelegt.

Den eingedellten und einhörnigen Helm hatte er an den Rucksack geschnallt. Er trug die glänzende Mithrilrüstung seines Namensvetters, der überschäumende Krug auf dem Schild war aus purem Gold, und der Helm war mit unzähligen glitzernden Edelsteinen verziert. »So wahr ich hier stehe, verkünde ich, daß die Legenden stimmen«, rief er kühn und hob die Mithrilaxt hoch über sich. »Garumn ist tot und auch mein Vater. Also nehme ich folgenden Titel in Anspruch: Bruenor, achter König von Mithril-Halle!«

»Garumns Schlucht«, sagte Bruenor, während er eine Linie auf der groben Karte zog, die er auf dem Boden skizziert hatte. Obwohl sich die Wirkungen von Alustriels Trank verloren hatten, waren bei dem Zwerg unzählige Erinnerungen wachgerufen worden, als er seine Heimat betreten hatte. Der genaue Standort der einzelnen Hallen war ihm zwar nicht klar, aber er hatte eine ungefähre Vorstellung von der gesamten Anlage. Die anderen kauerten dicht neben ihm und versuchten, die Zeichnung beim flackernden Licht einer Fackel zu erkennen, die Wulfgar aus dem Korridor geholt hatte.

»Wir können am anderen Ende wieder hinausgehen«, fuhr Bruenor fort. »Dort ist eine Tür, die sich nur von einer Seite öffnen läßt und die über die Brücke führt.«

»Hinaus?« fragte Wulfgar.

»Unser Ziel war, Mithril-Halle zu finden«, antwortete Drizzt, der das gleiche Argument wie Bruenor vor dieser Besprechung anführte. »Wenn die Kräfte, die die Sippe Heldenhammer besiegt haben, hier noch leben, sind wir zu wenige, um die Hallen zurückfordern zu können. Wir müssen Sorge tragen, daß das Wissen über den Standort der Hallen nicht zusammen mit uns hier stirbt.«

»Ich habe vor, erst einmal herauszufinden, womit wir es zu tun haben«, fügte Bruenor hinzu. »Wir können durch diese Tür auch wieder verschwinden. Von innen läßt sie sich leicht öffnen. Ich schlage vor, wir gehen bis in die oberste Etage und untersuchen den Ort. Ich muß erst wissen, was übriggeblieben ist, bevor ich meine Sippe im Tal und gegebenenfalls andere verständige.« Er warf Drizzt einen ironischen Blick zu.

Drizzt vermutete, daß Bruenor mehr im Sinn hatte, als nur »den Ort zu untersuchen«, aber er schwieg. Vorerst genügte es ihm, daß seine Bedenken bis zu dem Zwerg durchgedrungen waren. Außerdem würde Bruenor jetzt bei all seinen Entscheidungen höhere Vorsicht walten lassen, nachdem Catti-brie so unerwartet aufgetaucht war.

»Du willst also wiederkommen«, sagte Wulfgar.

»Mit einer Armee an meinen Fersen!« schnaubte Bruenor. Er sah Catti-brie an, und der Eifer in seinen dunklen Augen schwand.

Sie verstand ihn sofort. »Halte dich jetzt nicht meinetwegen zurück!« ermahnte sie ihn. »Ich habe auch früher schon an deiner Seite gekämpft und mich bewährt. Ich wollte diesen Weg nicht, aber er hat mich gefunden, und jetzt bleibe ich bei euch bis zum Schluß!«

Nach den vielen Jahren, in denen Bruenor sie ausgebildet hatte, konnte er ihrem Entschluß, sich ihnen anzuschließen, schlecht widersprechen. Er sah auf die Skelette in dem Raum. »Zieh dir eine Rüstung an und such dir Waffen aus. Und dann geht es weiter – wenn alle einverstanden sind.«

»Es ist der Weg, den du gewählt hast«, sagte Drizzt. »Denn es ist deine Suche. Wir gehen an deiner Seite, aber wir schreiben dir nicht vor, welcher Weg einzuschlagen ist.«

Bruenor lächelte über die Ironie dieser Erklärung. Ihm fiel der schwache Glanz in den Augen des Dunkelelfen auf, ein Hinweis auf die Vorfreude, die er an ihm vor Auseinandersetzungen kannte. Vielleicht war Drizzts Interesse an diesem Abenteuer doch nicht ganz verschwunden.

»Ich gehe mit«, bekundete Wulfgar. »Ich bin nicht so viele Meilen gelaufen, um umzukehren, nachdem die Tür gefunden worden ist.«

Regis schwieg. Er wußte, daß sie im Wirbel ihrer Aufregung gefangen waren, gleichgültig, wie es mit seinen Gefühlen stand. Er klopfte auf den kleinen Beutel mit den neuen Steinchen, den er am Gürtel trug, und dachte daran, daß er ihnen bald neue Fundstücke hinzufügen können würde, falls diese Hallen wirklich so prächtig waren, wie Bruenor immer erzählt hatte. Ihm war es wirklich lieber, mit seinen furchterregenden Freunden durch die neun Höllen zu gehen, als umzukehren und Artemis Entreri allein zu begegnen.

Sobald Catti-brie gerüstet war, führte Bruenor sie weiter. Voller Stolz marschierte er in der glänzenden Rüstung seines Großvaters voran, die Mithrilaxt baumelte an seiner Seite hin und her, und die Königskrone saß fest auf seinem Kopf. »Nach Garumns Schlucht!« rief er, als sie von der Eingangshalle aufbrachen. »Dort werden wir entscheiden, ob wir hinausgehen oder nach unten. O meine Freunde, welche Pracht jetzt bald vor uns liegen wird! Betet, daß ich euch diesmal alles zeigen kann!«

Wulfgar schritt an seiner Seite. Mit der einen Hand hielt er Aegisfang fest und mit der anderen die Fackel. Seine Züge waren hart und gespannt. Catti-brie und Regis folgten mit weitaus weniger Eifer und eher vorsichtig, nahmen aber den Weg als unvermeidlich hin und waren entschlossen, das Beste daraus zu machen.

Drizzt ging manchmal vor ihnen und dann wieder hinter ihnen. Er war selten zu sehen und überhaupt nicht zu hören, aber mit dem beruhigenden Wissen, daß er anwesend war, bewegten sich die anderen entspannter den Korridor entlang.

Die Korridore waren nicht so glatt und eben, wie es bei Zwergenanlagen eigentlich üblich war. Alle paar Meter ragten Nischen auf beiden Seiten heraus, von denen einige nach einigen Zentimetern endeten und andere in die Dunkelheit führten, wo sie in ganze Netze von Korridoren mündeten. Die Wände zierten auf dem ganzen Weg vorspringende Ekken und ausgehöhlte Vertiefungen, und das verstärkte die schattige Wirkung der ewig brennenden Fackeln. Es war ein geheimnisvoller und heimlicher Ort, wo Zwerge ihre besten Werke in einer Atmosphäre schützender Abgeschiedenheit herstellen konnten.

Diese Ebene war eigentlich ein Labyrinth. Ein Außenseiter konnte sich bei den unzähligen Abzweigungen, Kreuzungen und Korridoren unmöglich zurechtfinden. Selbst Bruenor, unterstützt von einzelnen Bildern aus seiner Kindheit und Verständnis für das logische Denken, mit dem die zwergischen Minenarbeiter diesen Ort geschaffen hatten, wählte oft den falschen Weg aus und verbrachte mit dem Zurückgehen genausoviel Zeit wie mit dem Vorwärtskommen.

An eine Sache aber erinnerte sich Bruenor ganz genau. »Achtet auf eure Schritte«, warnte er seine Freunde. »Die Ebene, auf der wir uns befinden, ist zum Schutz für die Hallen hergerichtet worden, und eine Falle in der Steinmetzarbeit wird euch schnell nach unten befördern!«

In der erste Phase ihres Marsches an jenem Tag gelangten sie zu größeren Räumen, die überwiegend schlicht und grob behauen waren und in denen nichts darauf hinwies, daß sie dauernd bewohnt waren. »Wachstuben und Gästezimmer«, erklärte Bruenor. »Überwiegend für Elmor und seine Männer aus Siedelstein, wenn sie kamen, um die Arbeiten für den Verkauf abzuholen.«

Sie gingen weiter. Eine bedrückende Stille hüllte sie ein. Ihre Schritte und das gelegentliche Zischen einer Fackel waren die einzigen Geräusche, und selbst diese schienen in der stehenden Luft erstickt zu werden. Bei Drizzt und Bruenor verstärkte diese Umgebung lediglich die Erinnerungen an die Zeit, die sie unter der Erde verbracht hatten, aber für die drei anderen waren die stickige Luft und das Wissen, tonnenweise Stein über sich zu haben, eine völlig fremde und wenig angenehme Erfahrung.

Drizzt glitt von Nische zu Nische und überprüfte immer aufmerksamer den Boden, bevor er einen Schritt tat. In einer ausgehöhlten Vertiefung spürte er einen Luftzug am Bein, und bei genauerer Untersuchung stellte er fest, daß er durch einen Spalt unten an der Wand wehte. Er rief seine Freunde zu sich.

Bruenor bückte sich. Er wußte sofort, was die Brise zu bedeuten hatte, denn sie war warm und nicht so kalt, wie es bei einem Luftzug von draußen hätte sein müssen. Er zog einen Handschuh aus und tastete den Stein ab. »Die Öfen«, brummte er eher zu sich als zu seinen Freunden.

»Dann ist jemand unten«, seufzte Drizzt.

Bruenor antwortete nicht. Im Boden war eine ganz feine Schwingung zu spüren, aber einen Zwerg, der in seinem Leben soviel mit Steinen zu tun gehabt hatte, erreichte diese Botschaft so deutlich, als hätte der Boden selbst zu ihm gesprochen. Es war das Kratzen von Blöcken, die tief unten bewegt wurden, die Maschinerie der Minen.

Bruenor wandte seinen Blick ab und versuchte, seine Gedanken zu ordnen, denn er hatte so sehr gehofft, daß die Minen von einer organisierten Gruppe geräumt und einfach zu übernehmen seien, daß er selbst auch schon davon überzeugt war. Aber wenn die Öfen brannten, dann hatte ihn diese Hoffnung getrogen.

☆ ☆ ☆

»Geh zu ihnen! Zeige ihnen die Stufen!« befahl Dendybar.

Morkai musterte den Zauberer eine Weile. Er wußte, daß er sich aus Dendybars Einfluß lösen und den Befehl mißachten konnte, da der Bunte immer schwächer wurde und die Gewalt über ihn verlor. Morkai war wirklich überrascht, daß Dendybar gewagt hatte, ihn so schnell wieder zu beschwören, denn offensichtlich hatte er sich noch nicht von der letzten Anstrengung erholt. Der bunte Zauberer hatte zwar noch nicht jenen Punkt der Erschöpfung erreicht, an dem Morkai ihn bekämpfen konnte, aber den größten Teil der Macht, die er brauchte, um den Geist zu etwas zwingen zu können, hatte er eingebüßt.

Morkai beschloß, diesem Befehl nachzukommen. Er wollte das Spiel mit Dendybar so lange wie möglich weiterführen. Der bunte Zauberer war offensichtlich versessen darauf, den Dunkelelfen zu finden, und würde ihn mit Sicherheit in Kürze wieder rufen. Und das mußte ihn noch mehr schwächen.

»Und wie kommen wir da hinunter?« fragte Entreri Sydney. Bok hatte sie zum Tal der Hüter geführt, und jetzt blickten sie die steile Felswand hinunter.

Sydney sah Bok fragend an, und der Golem machte

prompt Anstalten, einfach über den Rand zu laufen. Hätte sie ihn nicht aufgehalten, wäre er in den Abgrund gestürzt. Die junge Magierin sah Entreri mit einem hilflosen Schulterzucken an.

Doch dann schimmerte undeutlich ein Feuer auf, und Morkai, der Geist, stand wieder vor ihnen. »Kommt!« forderte er sie auf. »Ich soll euch den Weg zeigen.«

Ohne ein weiteres Wort zu verlieren, führte Morkai sie zu der geheimen Treppe, dann löste er sich in Flammen auf und war verschwunden.

»Dein Meister leistet uns viel Beistand«, bemerkte Entreri, als er den ersten Schritt nach unten tat.

Sydney lächelte, um ihre Befürchtungen zu vertuschen. »Mindestens vier Mal«, murmelte sie vor sich hin, nachdem sie ausgerechnet hatte, wie oft Dendybar den Geist gerufen hatte. Morkai wirkte bei der Ausführung eines Befehls jedesmal etwas entspannter, und jedesmal wirkte Morkai mächtiger. Sydney ging zur Treppe und folgte Entreri. Sie hoffte, daß Dendybar den Geist nicht so bald wieder beschwor – ihnen allen zuliebe.

Sie hatten kaum das Tal erreicht, da führte Bok sie unverzüglich zu der Mauer und der Geheimtür. Als würde er das Hindernis, das sich vor ihm auftat, erkennen, blieb er geduldig stehen und wartete auf Anweisungen von der Magierin.

Mit dem Gesicht dicht an der Wand fuhr Entreri mit den Fingern über den glatten Stein und versuchte, einen Spalt zu finden.

»Du verschwendest deine Zeit«, erklärte Sydney. »Die Tür wurde von Zwergen gebaut und wird so nie zu finden sein.«

»Wenn es eine Tür gibt«, wandte der Meuchelmörder ein.

»Es gibt eine«, versicherte ihm Sydney. »Bok ist der Spur des Dunkelelfen bis hierher gefolgt und weiß, daß sie hinter der Mauer weiterverläuft. Es ist aussichtslos, den Golem in die Irre zu führen.«

»Dann öffne doch deine Tür!« höhnte Entreri. »Ihr Vorsprung wird jede Sekunde größer!«

Sydney holte tief Luft, um sich zu beruhigen, und rieb nervös die Hände aneinander. Zum ersten Mal, seitdem sie den Hauptturm verlassen hatte, fand sie eine Gelegenheit, ihre eigenen Fähigkeiten anzuwenden, und die besondere magische Energie prickelte in ihr und wollte freigelassen werden.

Sie führte eine Reihe verschiedener und sehr exakter Handbewegungen aus, murmelte geheimnisvolle Worte und befahl schließlich: »*Bausin saumine!*« Daraufhin hielt sie die Hände in die Richtung, wo vermutlich die Tür war.

Entreris Säbel und Dolch lösten sich von seinem Gürtel und fielen auf den Boden.

»Gut gemacht«, bemerkte er ironisch und hob seine Waffen auf.

Sydney sah verwirrt auf die Tür. »Sie widersteht meinem Zauberspruch«, stellte sie fest, obwohl das offensichtlich war. »Nicht ungewöhnlich für eine Tür, die von Zwergen hergestellt wurde. Die Zwerge haben zwar mit Zauberei wenig zu tun, aber ihre Fähigkeit, der Magie anderer zu widerstehen, ist beachtlich.«

»Und was machen wir jetzt?« zischte Entreri. »Vielleicht gibt es noch einen anderen Eingang!«

»Das ist unsere Tür!« Sydney blieb hartnäckig. Sie wandte sich an Bok und fauchte ihn an: »Zerstöre sie!« Entreri entfernte sich schleunigst, als sich der Golem auf die Wand zubewegte.

Seine riesigen Hände schlugen zu wie ein Rammbock, als er immer wieder gegen die Wand hämmerte, ohne sich um Schäden am eigenen Körper zu kümmern. Viele Sekunden lang geschah nichts, und man hörte nur die dumpfen Schläge seiner Fäuste.

Sydney war geduldig. Sie brachte Entreri mit einem Versuch, einen anderen Weg vorzuschlagen, zum Verstummen, und beobachtete den Golem, der hartnäckig bei seiner Arbeit blieb. Ein Spalt erschien im Stein und dann noch einer. Bok kannte keine Erschöpfung und wurde auch nicht langsamer.

Weitere Spalten zeigten sich, und schließlich wurde der Umriß der Tür deutlich sichtbar. Entreri kniff erwartungsvoll die Augen zusammen.

Mit einem leichten Schlag stieß Bok seine Hand durch die Tür und zerschmetterte sie, bis nur noch ein Schutthaufen übrigblieb.

Zum zweitenmal an diesem Tag und zum zweitenmal seit beinahe zweihundert Jahren wurde die Eingangshalle von Mithril-Halle in Tageslicht getaucht.

☆ ☆ ☆

»Was war denn das?« flüsterte Regis den anderen zu, nachdem das Echo der dumpfen Schläge schließlich verhallt war.

Drizzt konnte es sich vorstellen, wenn das Geräusch auch von den nackten Steinwänden aus allen Richtungen widerhallte und seine Quelle unmöglich auszumachen war.

Auch Catti-brie hatte ihre Vermutungen, da sie sich nur zu gut an das Loch in der Mauer von Silbrigmond erinnerte.

Aber niemand verlor noch ein Wort darüber. Da in ihrer unmittelbaren Umgebung genügend Gefahren lauerten, spornte sie das Echo einer möglichen Bedrohung in der Ferne nicht mehr zu besonderer Eile an. Sie gingen zwar weiter, als hätten sie nichts gehört, waren jetzt aber noch vorsichtiger, und der Dunkelelf hielt sich überwiegend hinter der Gruppe auf.

Im Hintergrund seines Bewußtseins spürte Bruenor eine Gefahr, die in nächster Nähe lauerte, die sie beobachtete und zum Zuschlagen bereit war. Er war sich jedoch nicht sicher, ob seine Ängste gerechtfertigt waren oder lediglich eine Reaktion auf sein Wissen, daß die Minen besetzt waren, und auf seine aufgefrischten Erinnerungen an jenen schrecklichen Tag, als seine Sippe vertrieben wurde.

Er kämpfte sich mühsam voran, denn trotz allem war es seine Heimat, und er wollte sie nicht wieder aufgeben.

An einer unregelmäßigen Stelle im Durchgang verlängerten sich die Schatten zu einer tiefen Düsterheit, die sich bewegte.

Einer der Schatten langte nach Wulfgar und packte ihn.

Die Wucht tödlicher Kälte überwältigte den Barbaren. Hinter ihm kreischte Regis auf, und plötzlich bewegten sich überall um sie herum dunkle Formen.

Wulfgar war zu gelähmt, um reagieren zu können, und wurde wieder getroffen. Catti-brie stürzte sich an seine Seite und schlug mit dem Kurzschwert, das sie in der Eingangshalle gefunden hatte, in die Schwärze hinein. Sie spürte einen leichten Widerstand, als sich die Klinge durch die Dunkelheit schnitt, als habe sie etwas getroffen, was nicht vollständig da war. Sie hatte jedoch keine Zeit, sich Gedanken über diesen unheimlichen Gegner zu machen, sondern schlug weiter wild auf ihn ein.

Im Korridor kämpfte Bruenor noch verzweifelter. Mehrere schwarze Arme streckten sich ihm gleichzeitig entgegen und wollten ihn packen, und seine heftigen Schläge landeten nicht richtig, um sie abzuwehren. Immer wieder spürte er die schmerzhafte Eiseskälte, wenn die Dunkelheit nach ihm griff.

Kaum hatte sich Wulfgar erholt, war sein erster Gedanke, mit Aegisfang zuzuschlagen, aber Catti-brie, die sein Vorhaben erkannte, hielt ihn mit einem Schrei davon ab. »Die Fackel!« rief sie. »Wirf sie in die Dunkelheit!«

Wulfgar schleuderte die Flamme mitten in die Schatten hinein. Gleich darauf schreckten die dunklen Gestalten zurück und flohen vor dem entlarvenden Licht. Wulfgar wollte die Verfolgung aufnehmen und sie weiter zurückdrängen, aber er stolperte über den Halbling, der sich in seiner Angst am Boden zusammengekauert hatte, und stürzte.

Catti-brie hob die Fackel auf und schwenkte sie wild hin und her, um die Monster in Schach zu halten.

Drizzt kannte ihre Angreifer. Sie waren in der Welt der Dunkelelfen allgemein bekannt und zuweilen sogar Verbündete seines Volkes. Wieder einmal rief er die Kräfte seines Erbes auf und zauberte magische Flammen, bei denen die dunklen Formen sichtbar wurden. Dann stürzte er sich in den Kampf.

Die Monster glichen menschlichen Schatten, aber ihre Umrisse verschoben sich ständig und vermischten sich mit der Düsterheit um sie herum. Sie waren den Gefährten zwar zahlenmäßig überlegen, aber ihr größter Vorteil, die Dunkelheit, die sie tarnte, war ihnen durch die Flammen des Dunkelelfen genommen worden. Ohne diese Deckung blieben den lebenden Schatten nur wenig Möglichkeiten, sich gegen die Angriffe der Gruppe zu verteidigen, und sie machten sich durch die Ritzen zwischen den Steinen davon.

Die Gefährten verschwendeten keine Zeit mehr, sich in dem Korridor länger aufzuhalten. Wulfgar hob Regis vom Boden hoch und folgte Bruenor und Catti-brie, die den Gang hinunterliefen, während Drizzt langsamer ging und ihren Rückzug deckte.

Nach vielen Abbiegungen und Korridoren wagte Bruenor endlich, einen langsameren Schritt einzulegen. Beunruhigende Fragen bedrängten ihn. Sie drehten sich um seinen Traum von der Rückeroberung der Mithril-Halle und auch darum, ob es klug gewesen war, daß er seine besten Freunde hierhergeführt hatte. Er sah auf einmal voller Angst auf jeden Schatten und erwartete an jeder Ecke ein Monster.

Aber noch größere Veränderungen machte der Zwerg in seinen Gefühlen durch. Es hatte in ihm zu gären angefangen, als er die Schwingungen am Boden wahrgenommen hatte, und der Kampf mit diesen Monstern der Finsternis hatte die Wende endgültig besiegelt. Bruenor akzeptierte die Tatsache, daß er trotz seiner vorherigen Prahlereien nicht mehr das Gefühl hatte, nach Hause zurückgekehrt zu sein. Seine Erinnerungen an diesen Ort, Erinnerungen an die guten alten Zeiten, in denen sein Volk im Wohlstand gelebt hatte, vertrugen sich nicht mit der furchteinflößenden Atmosphäre, von der die Festung jetzt beherrscht wurde. So viel war verdorben worden, sogar die Schatten der ewig brennenden Fackeln. Einst standen sie stellvertretend für seinen

Gott, Dumathoin, den Bewahrer der Geheimnisse, und jetzt gewährten sie nur noch den Bewohnern der Dunkelheit Schutz.

Bruenors Gefährten spürten seine tiefe Enttäuschung. Wulfgar und Drizzt, die damit gerechnet hatten, bevor sie diesen Ort überhaupt betreten hatten, verstanden sie besser als die anderen, und waren darum jetzt noch besorgter. Wenn die Rückkehr nach Mithril-Halle vergleichbar war mit dem Schmieden von Aegisfang und einen Höhepunkt in Bruenors Leben darstellte, wie niederschmetternd mußte dann erst der Schlag sein, falls sich die Reise als verhängnisvoll erwies? Denn selbst einem Erfolg hatten sie ja schon mit Sorge entgegengesehen.

Bruenor eilte weiter. Sein ganzes Denken war ausschließlich auf den Weg zu Garumns Schlucht und zum Ausgang gerichtet. Noch beim Betreten der Hallen hatte der Zwerg unbedingt bleiben wollen, bis er sich alles zurückgeholt hatte, was ihm rechtmäßig zustand, aber jetzt schrien all seine Sinne danach, vor diesem Ort die Flucht zu ergreifen und nie wieder zurückzukehren.

Er fand, daß er aber wenigstens die oberste Ebene aufsuchen mußte, schon allein aus Respekt vor seinen lange toten Verwandten und vor seinen Freunden, die so viel riskiert hatten, als sie ihn bis hierher begleiteten. Und er hoffte, daß er den Abscheu, den er vor seinem früheren Heim empfand, verlieren oder zumindest einen Lichtschimmer in dem dunklen Schleier finden würde, der sich über die Hallen gelegt hatte. Er spürte die Wärme der Axt und des Schildes seines heldenhaften Namensvetters, richtete sein bärtiges Kinn auf und schritt weiter.

Der Weg fiel schräg ab, und die Zahl der Korridore und Nebengänge verringerte sich. Warmer Luftzug stieg hier überall auf. Es war für den Zwerg eine qualvolle Erinnerung daran, was weiter unten lag. Die Schatten wirkten hier aber weniger bedrohlich, denn die Wände waren glatter und vierkantig behauen. Nach einer scharfen Biegung stießen sie auf eine Steintür, eine große Platte, die den ganzen Korridor absperrte.

»Ein Raum?« fragte Wulfgar und griff nach dem schweren Ziehring.

Bruenor schüttelte den Kopf, denn er war nicht sicher, was sich dahinter befand. Wulfgar öffnete die Tür, und sie blickten in einen weiteren leeren Korridor, der an einer ähnlichen Tür endete.

»Zehn Türen«, erinnerte sich Bruenor wieder. »Zehn Türen auf der abfallenden Schräge«, erklärte er. »Und jede ist auf der anderen Seite verschließbar.« Er griff hinter die Tür und zog eine schwere Metallstange hervor, die an einem Ende mit einem Scharnier versehen war, so daß sie leicht in die Riegelvorrichtung an der Tür gelegt werden konnte. »Und hinter diesen zehn Türen verlaufen zehn andere nach oben, bei denen der Riegel in entgegengesetzter Richtung angebracht ist.«

»Wenn ihr vor einem Feind geflohen seid, habt ihr die Türen von beiden Seiten hinter euch verschlossen«, erkannte Catti-brie, »und euch dann alle in der Mitte versammelt.«

»Und zwischen den Türen in der Mitte führt ein Durchgang zu den unteren Ebenen«, fügte Drizzt hinzu, der die einfache, aber wirkungsvolle Logik dieser Verteidigungsstruktur durchschaute.

»Im Boden ist eine Klapptür eingebaut«, bestätigte Bruenor.

»Vielleicht können wir uns dort ausruhen«, sagte der Dunkelelf.

Bruenor nickte und ging weiter. Seine Erinnerung hatte ihn nicht getrogen. Einige Minuten später passierten sie die zehnte Tür und traten in einen kleinen ovalen Raum. Am anderen Ende war eine Tür, deren Verschlußriegel auf ihrer Seite angebracht war. Genau in der Mitte des Zimmers befand sich eine Bodenklappe, die ebenfalls mit einem Riegel versehen und offenbar seit vielen Jahren verschlossen war. Überall an den Wänden des Zimmers waren die seltsam vertrauten verdunkelten Nischen zu sehen.

Nachdem sie sich überzeugt hatten, daß der Raum sicher war, verschlossen sie die Ausgänge und fingen an, sich teilweise ihrer schweren Ausrüstung zu entledigen, denn die Hitze war unerträglich geworden, und die stickige Luft machte ihnen zu schaffen.

»Wir haben jetzt die Mitte der obersten Ebene erreicht«, erklärte Bruenor geistesabwesend. »Morgen werden wir zu der Schlucht gelangen.«

»Und dann?« fragte Wulfgar, der immer noch genügend Abenteuerlust verspürte, die Minen näher zu erforschen.

»Nach draußen oder nach unten«, antwortete Drizzt, wobei er die erste Möglichkeit stark betonte, um hervorzuheben daß er die zweite für unwahrscheinlich hielt. »Wir werden es wissen, wenn wir angekommen sind.«

Wulfgar beobachtete seinen schwarzen Freund und suchte nach einem Anzeichen der Abenteuernatur, die er schon so oft kennengelernt hatte. Aber genau wie Bruenor schien

Drizzt sich damit abgefunden zu haben, wieder zu verschwinden. Irgend etwas an diesem Ort hatte das Feuer des Dunkelelfen zum Verlöschen gebracht. Wulfgar konnte nur vermuten, daß auch Drizzt mit unangenehmen Erinnerungen an einen ebensolchen dunklen Platz rang.

Der scharfsichtige junge Barbar hatte mit dieser Vermutung recht. Die Erinnerungen des Dunkelelfen an sein Leben in der Unterwelt hatten wirklich seinen Wunsch verstärkt, Mithril-Halle so schnell wie möglich zu verlassen. Bei ihm war es aber nicht ein gefühlsmäßiger Aufruhr, den er bei der Rückkehr in das Reich seiner Kindheit erlebte. Woran sich Drizzt deutlich erinnerte, wenn er über Menzoberranzan nachdachte, das waren die finsteren Wesen, die in dunklen Löchern unter der Erde lebten. Er spürte, daß sie auch hier, in diesen uralten Zwergenhallen, weilten, Greuel, die das Vorstellungsvermögen der oberirdischen Bewohner übertrafen. Um sich selbst hatte er keine Angst. Durch das Erbe seiner Rasse konnte er diesen Monstern unter gleichen Bedingungen begegnen. Aber seine Freunde wären in einem solchen Kampf stark benachteiligt, schlecht ausgerüstet, um die Monster zu besiegen, auf die sie mit aller Sicherheit stoßen würden, falls sie in den Minen blieben.

Und Drizzt wußte, daß viele Augen auf ihnen ruhten.

Entreri schlich sich heran und legte sein Ohr an die Tür, wie er es schon neunmal zuvor getan hatte. Diesmal hörte er das Klirren eines Schildes, der auf den Boden geworfen wurde, und ein Lächeln flog über sein Gesicht. Er drehte sich zu Sydney und Bok um und nickte.

Endlich hatte er seine Beute gefangen.

Die Tür, durch die sie vor kurzem gekommen waren, zitterte plötzlich unter der Wucht eines unglaublichen Schlages. Die Gefährten, die sich nach ihrem langen Marsch gerade niedergelassen hatten, sahen verblüfft und entsetzt auf, als der zweite Schlag erfolgte und der massive Stein splitterte und nachgab. Der Golem stürzte in den ovalen Raum und stieß Regis und Catti-brie zur Seite, bevor diese nach ihren Waffen greifen konnten.

Das Monster hätte sie sofort zermalmen können, aber sein Opfer, sein Ziel, das seine ganzen Sinne in Anspruch nahm, war Drizzt Do'Urden. Es stürzte an den beiden vorbei in die Mitte des Raums, um den Dunkelelfen auszumachen.

Drizzt war jedoch nicht besonders überrascht worden und in die Schatten auf einer Seite des Zimmers gewichen. Jetzt machte er sich auf den Weg zu der zerstörten Tür, um sie gegen den Eintritt weiterer Eindringlinge zu sichern. Er konnte sich jedoch dem Suchzauber, mit dem Dendybar den Golem ausgestattet hatte, nicht entziehen, und Bok wandte sich sofort in seine Richtung.

Wulfgar und Bruenor griffen das Monster von vorn an.

Entreri betrat das Zimmer direkt nach Bok und machte sich die Unruhe zunutze, die der Golem gestiftet hatte. Unbemerkt glitt er durch die Tür und verschwand auf eine Weise in den Schatten, die der des Dunkelelfen verblüffend ähnlich war. Als sie die Mitte der Wand in dem ovalen Zimmer fast erreicht hatten, traf jeder auf einen Schatten, der dem eigenen so ähnlich war, daß sie erst einmal anhalten und ihn abschätzen mußten, bevor sie den Kampf eröffneten.

»Endlich lerne ich Drizzt Do'Urden kennen«, zischte Entreri.

»Du bist im Vorteil«, entgegnete Drizzt, »denn ich weiß von dir nichts.«

»Ah, du wirst schon noch etwas erfahren, Nachtelf!« sagte der Meuchelmörder lachend. Es waren nur nebelgleiche Bewegungen zu sehen, als sie aufeinander losgingen, und Entreris unbarmherziger Säbel und juwelenbesetzter Dolch standen in ihrer Schnelligkeit Drizzts schwirrenden Krummsäbeln nicht nach.

Mit voller Wucht schlug Wulfgar mit seinem Hammer auf den Golem ein. Das Monster wurde dadurch von seiner Suche nach dem Dunkelelfen abgelenkt, machte aber nicht die geringsten Anstalten, sich zur Wehr zu setzen. Bok wurde von Aegisfang getroffen, nahm aber keine Notiz davon, sondern ging erneut auf seine Beute zu. Bruenor und Wulfgar sahen sich ungläubig an und prügelten mit Hammer und Axt weiter wild auf ihn ein.

Regis lag reglos an der Wand, gelähmt durch einen Tritt von Boks schwerem Fuß. Doch Catti-brie war bereits wieder auf den Knien und hielt ihr Schwert in der Hand. Die Anmut und das Geschick der beiden Gegner an der Wand schlugen sie einen Augenblick in Bann.

Auch Sydney, die in der Tür stand, war fasziniert, denn die Schlacht zwischen dem Dunkelelfen und Entreri war mit nichts zu vergleichen, was sie bisher gesehen hatte. Da standen sich zwei meisterhafte Schwertkämpfer gegenüber, die sich in völliger Harmonie bewegten und abwehrten.

Jeder ahnte die Bewegungen des anderen genau voraus und erwiderte dann dessen Angriff. Es war ein Kampf, aus dem wahrscheinlich kein Sieger hervorgehen würde. Der eine schien das Spiegelbild des anderen zu sein; und lediglich das ständige Klirren von Stahl, wenn die Schwerter gegeneinander schlugen, machte den Zuschauern bewußt, daß wirklich ein Kampf stattfand. Sie traten in den Schatten und wieder heraus und versuchten, in einem Kampf von Ebenbürtigen kleine Vorteile zu gewinnen. Dann verschwanden sie in der Dunkelheit einer Nische.

Kaum waren sie außer Sicht, als sich Sydney erinnerte, welche Rolle sie in dem Kampf hatte. Sofort zog sie einen schlanken Stab aus ihrem Gürtel und nahm den Barbaren und den Zwerg ins Visier. Obwohl sie liebend gern den Kampf zwischen Entreri und dem Dunkelelfen bis zum Ende verfolgt hätte, war es ihre Pflicht, den Golem zu befreien, damit dieser schnell den Dunkelelfen ergreifen konnte.

Wulfgar und Bruenor hatten Bok inzwischen kurzentschlossen zu Fall gebracht, indem Bruenor zwischen die Beine des Monsters getaucht war, während Wulfgar mit seinem Hammer zugeschlagen hatte, so daß Bok über den Zwerg gestürzt war.

Sie hatten jedoch nur für kurze Zeit die Oberhand. Sydneys Energieblitz senkte sich zwischen sie. Von dieser Wucht wurde Wulfgar rücklings durch die Luft geschleudert. An der gegenüberliegenden Tür kam er mit den Füßen auf. Seine Lederweste war versengt und qualmte, und er zitterte am ganzen Körper unter den Nachwirkungen des Blitzes.

Bruenor wurde auf den Boden geworfen und blieb dort einen langen Augenblick liegen. Er war nicht schwer verletzt – Zwerge sind zäh und hart wie Gebirgsstein und vor allem gegen Magie widerstandsfähig –, aber als er mit dem Ohr auf dem Boden lag, hörte er ein eigentümliches Poltern, das seine ganze Aufmerksamkeit in Anspruch nahm. Es kam ihm aus seiner Kindheit her vertraut vor, obwohl er es nicht mehr richtig einordnen konnte.

Aber er wußte, daß es den Untergang voraussagte.

Das Zittern um sie herum wurde stärker, bis schließlich der ganze Raum vibrierte. Es war selbst noch spürbar, als Bruenor den Kopf hob. Auf einmal erkannte es der Zwerg. Hilflos sah er zu Drizzt hinüber und schrie: »Paß auf, Elf!«, kurz bevor sich die Falle in Bewegung setzte und ein Teil des Bodens in der Nische nachgab.

Nur Staub war zu sehen, wo der Dunkelelf und der Meuchelmörder gekämpft hatten. Für Bruenor schien in diesem schrecklichen Moment die Zeit stehenzubleiben. Reglos sah der Zwerg zu, wie sich in der Nische eine schwere Platte von der Decke löste und ihm die letzte seiner sinnlosen Hoffnungen raubte.

Durch das Auslösen der Fallvorrichtung wurden die heftigen Erschütterungen im Raum nur noch verstärkt. Die Wände bekamen Risse, und Steinbrocken lösten sich von der Decke. Von einer Tür aus schrie Sydney nach Bok, während Wulfgar an der anderen den Riegel zurückschob und seine Freunde zu sich rief.

Catti-brie sprang auf und eilte mit behenden Schritten zu dem gestürzten Halbling hinüber. Sie zerrte ihn an den Knöcheln zu der weit entfernten Tür und schrie Bruenor zu, er solle ihr helfen.

Aber der Zwerg starrte nur verloren mit leerem Blick auf die Trümmer in der Nische.

Ein großer Spalt öffnete sich im Boden und drohte ihren Fluchtweg abzuschneiden. Catti-brie biß entschlossen die Zähne zusammen und stürmte in die Sicherheit des Korridors voran. Wulfgar schrie noch einmal etwas zu dem Zwerg hinüber und begann sogar zu ihm zu laufen.

Endlich erhob sich Bruenor und ging auf sie zu – langsam und mit gesenktem Kopf. In seiner Verzweiflung hoffte er fast, daß sich unter ihm ein Spalt auftun und er in ein dunkles Loch fallen könnte.

Um seiner unerträglichen Trauer ein Ende zu bereiten.

Das Ende eines Traums

Als endlich die letzten Erschütterungen des Einsturzes verhallt waren, kehrte die vier übriggebliebenen Freunde durch den Schutt und die Staubschleier zu der ovalen Kammer zurück. Ungeachtet der Berge zerbrochener Steine und des großen Spalts im Boden, der sie zu verschlingen drohte, taumelte Bruenor zu der Nische, dicht gefolgt von den anderen.

Weder Blut noch ein anderes Zeichen war von den zwei Meisterfechtern zu finden, nur ein Schutthaufen, der die Öffnung der Falle zudeckte. Bruenor konnte dunkle Ränder unter dem Haufen sehen und rief wieder und wieder Drizzts Namen. Die Vernunft sagte ihm trotzdem entgegen allen Wünschen und Hoffnungen, daß der Dunkelelf ihn nicht hören konnte. Daß die Falle ihm Drizzt auf immer entrissen hatte.

Die Tränen liefen ihm über die Wangen, als er einen Säbel erspähte, die magische Klinge, die Drizzt in einem Drachenhort gefunden hatte. Er lag bei den Trümmern der Nische. Feierlich hob er ihn auf und schob ihn in seinen Gürtel.

»O weh für dich, Elf«, schrie er in die Zerstörung hinein. »Du hast ein besseres Ende verdient!« Wenn die anderen in diesem Augenblick nicht so sehr in ihre eigenen Gedanken vertieft gewesen wären, hätten sie den wütenden Unterton aus Bruenors Klage herausgehört. Angesichts des Verlustes seines besten und treuesten Freundes und nachdem er schon vor der Tragödie von Zweifeln gequält war, ob es klug war, weiter durch die Hallen zu gehen, war Bruenors Trauer mit noch stärkeren Schuldgefühlen vermischt. Er konnte die Rolle nicht vergessen, die er selbst bei dem Tod des Dunkelelfen gespielt hatte. Voller Verbitterung fiel ihm ein, wie er Drizzt überlistet hatte, sich seiner Suche anzuschließen, indem er seinen Tod vorgetäuscht und ein Abenteuer in Aussicht gestellt hatte, wie es keiner von ihnen erlebt hätte.

Jetzt stand er still da und mußte sich mit seiner inneren Qual abfinden.

Wulfgars Trauer war genauso tief, wurde aber nicht von anderen Gefühlen belastet. Der Barbar hatte einen seiner Lehrer verloren, einen Krieger, der ihn von einem wilden, brutalen Kämpfer in einen kühl überlegenden, geschickten Krieger verwandelt hatte.

Er hatte einen seiner engsten Freunde verloren. Er wäre Drizzt auf der Suche nach Abenteuern bis in die Hölle gefolgt. Er war immer fest überzeugt gewesen, daß der Dunkelelf sie eines Tages noch in eine Notlage bringen würde, aus der es kein Entrinnen mehr gegeben hätte. Aber wenn er an Drizzts Seite gekämpft hatte oder gegen ihn, seinen Meister, zum Wettkampf angetreten war, dann hatte er sich lebendig gefühlt und diesen Moment seines Daseins genossen. Oft hatte sich Wulfgar einen Tod neben dem Dunkelelfen ausgemalt, ein glorreiches Ende, von dem die Barden noch lange schreiben und singen würden, wenn ihre Feinde, denen sie zum Opfer gefallen waren, in ihren unbekannten Gräbern längst zu Staub zerfallen wären.

Das wäre ein Ende gewesen, vor dem sich der junge Barbar nicht gefürchtet hätte.

»Endlich hast du deinen Frieden gefunden, mein Freund«, sagte Catti-brie leise, die besser als alle anderen die Qualen des Dunkelelfen in seiner jetzigen Existenz verstanden hatte. Catti-bries Wahrnehmungen und Empfindungen waren immer eher auf Drizzts Gefühle eingestimmt gewesen, auf die ganz individuelle Seite seines Charakters, den seine Freunde hinter seinem Gleichmut nicht erkennen konnten. Es war dieser Teil von Drizzt Do'Urden gewesen, der verlangt hatte, daß er Menzoberranzan und seine böse Rasse verließ, und der ihn in die Rolle des Ausgestoßenen getrieben hatte. Catti-brie kannte den unvermeidlichen Schmerz, den er immer aufgrund der ungerechten Behandlung jener empfunden hatte, die wegen seiner Hautfarbe seinen Geist nicht zu sehen vermochten.

Und ihr war auch bewußt, daß an diesem Tag sowohl das Gute als auch das Böse einen Verfechter verloren hatten, denn in Entreri sah Catti-brie Drizzts Spiegelbild. Der Welt ging es besser durch den Verlust des Meuchelmörders.

Aber der Preis war einfach zu hoch.

Jegliche Erleichterung, die Regis vielleicht wegen Entreris Tod empfand, verlor sich in einem Wirbel von Wut und Kummer. Ein Teil des Halblings war in jener Nische gestorben. Er brauchte nicht mehr wegzulaufen – Pascha Pook würde ihn nicht länger verfolgen –, aber zum erstenmal in seinem Leben wurden Regis die Folgen seines Handelns schmerzhaft bewußt. Er hatte sich Bruenors Gruppe in dem Wissen angeschlossen, daß Entreri ihm dicht auf den Fersen war, und hatte seine Freunde bewußt einer möglichen Gefahr ausgesetzt.

Er war ein stets zuversichtlicher Spieler, und daher war ihm der Gedanke, er könnte diese Herausforderung auch verlieren, niemals gekommen. Das Leben war ein Spiel, das er angestrengt und bis hart an die Grenze spielte, und nie war von ihm erwartet worden, daß er für seine Risiken aufkam. Falls etwas in der Welt die Besessenheit des Halblings, auf sein Glück zu setzen, mäßigen konnte, dann war es das: der Verlust eines seiner wenigen echten Freunde wegen eines Wagnisses, das er zu verantworten hatte.

»Leb wohl, mein Freund«, flüsterte er in den Schutt hinein. Dann wandte er sich an Bruenor und fragte: »Wohin gehen wir jetzt? Wie kommen wir aus diesem schrecklichen Ort heraus?«

Regis hatte mit dieser Frage keinen Vorwurf verbunden. Aber Bruenor, der wegen seiner eigenen Schuldgefühle glaubte, sich verteidigen zu müssen, nahm es als einen solchen und schlug zurück. »Es ist deine Schuld!« knurrte er Regis an. »Du hast diesen Killer auf uns gehetzt!« Bruenor tat einen drohenden Schritt nach vorne, sein Gesicht verzerrte sich in wachsendem Zorn, und er ballte die Hände, daß seine Knöchel weiß anliefen.

Wulfgar, verwirrt über diesen jähen Wutausbruch, trat einen Schritt näher zu Regis. Der Halbling wich nicht zurück und machte auch keine Anstalten, sich zu verteidigen. Er konnte es einfach nicht glauben, daß Bruenor von seinem Zorn derart verzehrt wurde.

»Du Dieb!« brüllte Bruenor. »Du stiehlst dich durchs Leben, ohne dich darum zu scheren, was du zurückläßt – und deine Freunde müssen dafür büßen!« Mit jedem Wort steigerte er sich mehr in seine Wut, und es war, als wäre sie wieder vom Zwerg unabhängig und gewänne ohne sein Zutun Schwung und Kraft.

Ein weiterer Schritt hätte ihn unmittelbar vor Regis gebracht, und so wie er sich aufführte, würde er zuschlagen, das war allen klar. Aber Wulfgar stellte sich zwischen die beiden und hielt Bruenor mit einem unmißverständlichen, finsteren Blick auf.

Bruenor, der angesichts der strengen Haltung des Barbaren aus seiner zornigen Trance erwachte, wurde sich seines Handelns bewußt. Verlegen verbarg er seine Wut hinter der Sorge um ihr unmittelbares Überleben und machte sich daran, den restlichen Raum zu untersuchen. Von ihrem Proviant hatte nur ein geringer Teil die Verwüstung überstanden. Er räusperte sich und sagte dann zu den anderen: »Laßt das Zeug hier, wir haben keine Zeit zu verschwenden! Wir werden diesen abscheulichen Platz weit hinter uns lassen!«

Wulfgar und Catti-brie suchten dennoch den Schutt ab, um zu sehen, ob nicht doch etwas gerettet werden konnte. Sie waren nicht ohne weiteres bereit, sich Bruenors Wunsch anzuschließen, ohne Proviant so schnell wie möglich zu verschwinden. Aber sie kamen bald zu dem gleichen Ergebnis wie der Zwerg, und mit einem letzten Gruß vor den Ruinen der Nische folgten sie Bruenor in den Korridor.

»Ich habe vor, Garumns Schlucht bist zur nächsten Rast zu erreichen«, verkündete Bruenor. »Macht euch also auf einen langen Marsch gefaßt.«

»Und dann?« fragte Wulfgar, der die Antwort zwar zu kennen glaubte, aber damit nicht einverstanden war.

»Nach draußen!« brüllte Bruenor. »So schnell wir können!« Er funkelte den Barbaren an, damit dieser ja nicht wagte, Einwände zu erheben.

»Um mit dem Rest deiner Sippe an unserer Seite zurückzukehren?« Wulfgar ließ nicht locker.

»Nicht um zurückzukehren«, antwortete Bruenor. »Wir werden niemals zurückkehren!«

»Dann ist Drizzt umsonst gestorben!« erklärte Wulfgar schonungslos. »Er hat sein Leben für einen Traum geopfert, der niemals verwirklicht wird.«

Bruenor hielt einen Moment inne, um sich angesichts Wulfgars harter Worte zu beruhigen. Er hatte die Tragödie noch nie aus dieser Sicht betrachtet, und ihm gefielen diese Folgerungen überhaupt nicht. »Nicht umsonst!« knurrte er den Barbaren an. »Es ist eine Warnung an uns alle, von diesem Ort zu verschwinden. Das Böse lauert hier, so unverkennbar wie Orks auf Hammelkeule! Riechst du es nicht, Junge? Raten dir deine Augen und Ohren nicht auch, von hier zu verschwinden?«

»Meine Augen berichten mir von Gefahr«, erwiderte Wulfgar gelassen. »So wie sie es schon oft getan haben. Aber ich bin ein Krieger und schenke solchen Signalen wenig Beachtung!«

»Dann bist du mit Sicherheit bald ein toter Krieger«, mischte Catti-brie sich ein.

Wulfgar funkelte sie an. »Drizzt ist mitgekommen, um Mithril-Halle zurückzugewinnen, und ich werde alles daransetzen, daß diese Aufgabe erfüllt wird!«

»Bei diesem Versuch wirst du sterben«, brummte Bruenor, in dessen Stimme jedoch kein Zorn mehr mitschwang. »Es war unsere Absicht, meine Heimat zu finden, Junge, aber dieser Ort ist das nicht mehr. Mein Volk hat hier einst gelebt, das stimmt, aber die Dunkelheit, die sich in Mithril-Halle eingeschlichen hat, hat meinem Anspruch ein Ende gesetzt. Ich habe nicht den Wunsch, zurückzukehren, sobald ich von dem Gestank dieses Ortes gesäubert bin, merke dir das mit deinem Dickschädel. Er gehört jetzt den Schatten und den Dunkelzwergen. Möge der ganze verfluchte Ort auf ihre verfluchten Köpfe fallen!«

Bruenor hatte genug gesagt. Er drehte sich auf dem Absatz um und stampfte den Korridor hinunter. Seine schweren Stiefel schlugen mit unnachgiebiger Entschlossenheit auf dem Steinboden auf.

Regis und Catti-brie folgten ihm dicht auf den Fersen, während Wulfgar noch kurz über den Entschluß des Zwerges nachdachte, bevor er sich auf den Weg machte und sie einholte.

Sydney und Bok kehrten erst in das ovale Zimmer zurück, als die Magierin sicher war, daß die Gefährten gegangen waren. Wie die Freunde zuvor ging sie zu den Trümmern in der Nische. Dort blieb sie einen Augenblick stehen und dachte über die Auswirkungen dieser plötzlichen Wende ihrer Mission nach. Sie war über die Tiefe ihrer Trauer über Entreris Tod überrascht. Wenn sie dem Meuchelmörder auch nicht ganz vertraut und vermutet hatte, daß er vielleicht doch das gleiche machtvolle Artifakt gesucht hatte, wonach sie und Dendybar trachteten, hatte sie ihn dennoch allmählich achten gelernt. Hätte es einen besseren Verbündeten geben können, als der Kampf ausgebrochen war?

Sydney hatte jedoch nicht sehr viel Zeit, Entreri zu betrauern, denn der Verlust von Drizzt Do'Urden brachte für sie unmittelbare Sorgen um ihre eigene Sicherheit mit sich. Dendybar würde diese Neuigkeit bestimmt nicht auf die leichte Schulter nehmen, und die Bestrafungskünste des bunten Zauberers waren im Hauptturm des Geheimwissens allgemein bekannt.

Bok wartete einen Augenblick auf einen Befehl der Magierin, aber als nichts kam, trat er in die Nische und begann, den Schutthügel abzutragen.

»Hör auf!« befahl Sydney.

Bok beachtete sie nicht. Ihn trieb allein die Anweisung, den Dunkelelfen zu suchen.

»Hör auf!« wiederholte sie mit mehr Überzeugungskraft in der Stimme. »Der Dunkelelf ist tot, du Blödian!« Diese schonungslose Erklärung zwang sie, sich selber mit dieser Tatsache abzufinden, und setzte ihre Gedanken in Bewegung. Bok unterbrach seine Arbeit und drehte sich ihr zu, während sie sich einen Augenblick überlegte, wie sie am besten vorgehen könnte.

»Wir werden den anderen nachgehen«, sagte sie lässig. Damit versuchte sie, einerseits ihre eigenen Gedanken zu ordnen und andererseits dem Golem eine neue Richtung zu geben. »Genau. Wenn wir den Zwerg und seine Gefährten Dendybar ausliefern, wird er uns vielleicht verzeihen, den Tod des Dunkelelfen zugelassen zu haben.«

Sie sah den Golem an, aber der verzog natürlich keine Miene, um ihr vielleicht zuzustimmen.

»Du hättest in der Nische sein sollen«, murmelte Sydney, die mit diesem beißenden Spott ihre Enttäuschung an ihm ausließ. »Entreri hätte zumindest einige Vorschläge gemacht. Aber egal, ich habe einen Entschluß gefaßt. Wir folgen den anderen und warten den günstigsten Augenblick ab, um sie uns zu schnappen. Sie werden uns sagen, was wir über den Gesprungenen Kristall wissen müssen!«

Bok blieb regungslos stehen und wartete auf ihr Zeichen. Obwohl er nicht denken konnte, verstand der Golem, daß Sydney am besten wußte, wie sie ihren Auftrag ausführen konnten.

Die Gefährten marschierten durch große Höhlen, die eher natürliche Gebilde waren, als von Zwergenhand geschaffen. Hohe Decken und Wände erstreckten sich in der Dunkelheit, zu hoch, um vom Licht der Fackeln erfaßt zu werden. Sie machten den Freunden ihre Verwundbarkeit beängstigend bewußt. In der Vorstellung, von einer ganzen Schar von Dunkelzwergen aus den beleuchteten Nischen beobachtet oder von entsetzlichen Kreaturen belauert zu werden, die aus der Dunkelheit über sie herfallen könnten, blieben sie dicht zusammen.

Das ständige Geräusch von tropfendem Wasser begleitete sie mit seinem eigenen Rhythmus und hallte durch alle Hallen wider, wodurch die Verlassenheit des Ortes nur noch unterstrichen wurde.

Bruenor erinnerte sich gut an diesen Teil der Minen und wurde bald wieder von lange vergessenen Bildern aus seiner

Vergangenheit überwältigt. Es waren die Versammlungshallen, wo die gesamte Sippe Heldenhammer zusammengekommen war, um den Worten von König Garumn zu lauschen oder wichtige Besucher zu empfangen. Schlachtpläne wurden hier geschmiedet und Strategien für den Handel mit der Außenwelt festgelegt. Selbst die jüngsten Zwerge waren bei diesen Zusammenkünften zugegen gewesen, und Bruenor erinnerte sich an die vielen Male, bei denen er neben seinem Vater Bangor hinter seinem Großvater, König Garumn, gesessen hatte. Bangor hatte ihn dann immer auf die Methoden des Königs hingewiesen, mit denen er seine Zuhörer für sich gewann, und den jungen Bruenor in die Führungskünste eingeweiht, die er eines Tages nötig haben würde.

Wenn er erst König von Mithril-Halle sein würde.

Die Einsamkeit in diesen Höhlen lastete schwer auf dem Zwerg, der sie noch gekannt hatte, als sie unter dem brausenden Jubel und dem Gesang von zehntausend Zwergen bebten. Selbst wenn er mit allen überlebenden Mitgliedern seiner Sippe zurückkehrte, so würden sie doch nur die winzige Ecke einer Kammer füllen.

»Zu viele sind tot«, sagte Bruenor in die Leere. Sein Flüstern war in der widerhallenden Stille lauter, als er beabsichtigt hatte. Catti-brie und Wulfgar, die sich um den Zwerg Sorgen machten und ihn scharf beobachteten, hörten die Bemerkung und konnten sich leicht vorstellen, welche Erinnerungen und Gefühle sie ausgelöst hatten. Sie warfen sich einen Blick zu, und Catti-brie sah, daß sich Wulfgars Wut auf den Zwerg in Anteilnahme aufgelöst hatte.

Eine große Halle nach der anderen tat sich vor ihnen auf, sie waren nur durch kurze Korridore miteinander verbunden. Abbiegungen und Seitenausgänge zweigten alle paar Meter ab, aber Bruenor war jetzt überzeugt, daß er den Weg zu der Schlucht kannte. Er wußte auch, daß jeder, der sich weiter unten befand, das Getöse des Einsturzes gehört haben mußte und bald Nachforschungen anstellen würde. Dieser Bereich auf der oberen Ebene hatte, anders als die Abschnitte, die sie hinter sich gelassen hatten, viele Verbindungsgänge zu den unteren Ebenen. Wulfgar löschte die Fackel aus, und Bruenor führte sie in der schützenden Düsterkeit weiter.

Ihre Vorsicht erwies sich schon bald als klug. Als sie eine weitere große Höhle betraten, faßte Regis Bruenor an der Schulter, hielt ihn auf und bedeutete den anderen, sie sollten ruhig bleiben. Bruenor bekam fast einen Wutanfall, sah aber sofort aufrichtige Angst in Regis' Gesicht.

Mit seinem Gehör, das durch die Jahre des Lauschens auf das Klicken eines Türschlosses geschärft war, hatte der Halbling ein Geräusch vernommen, das sich von dem Tropfen des Wasser unterschied. Kurz darauf hörten es auch die anderen: viele gestiefelte Füße, die im Gleichschritt marschierten. Bruenor führte sie in eine dunkle Nische, wo sie abwarteten und beobachteten.

Sie sahen die vorbeimarschierende Gruppe nicht deutlich genug, um ihre genaue Größe erfassen oder ihre Mitglieder näher ausmachen zu können, aber anhand der Anzahl der Fackeln, die am anderen Ende der Höhle sichtbar wurden, schätzten sie, daß sie zahlenmäßig zumindest zehn zu eins unterlegen waren, und sie konnten sich denken, um wen es sich handelte.

»Dunkelzwerge, oder meine Mutter ist eine Freundin von Orks«, knurrte Bruenor. Er warf Wulfgar einen Blick zu, um zu sehen, ob der Barbar immer noch Einwände gegen seine Entscheidung hatte, Mithril-Halle zu verlassen.

Wulfgar erwiderte den Blick mit einem zustimmenden Nicken. »Wie weit ist es bis Garumns Schlucht?« fragte er, nachdem er sich nun endlich auch damit abgefunden hatte, daß sie verschwanden. Er hatte zwar immer noch das Gefühl, daß sie Drizzt im Stich ließen, verstand aber, daß Bruenors Entscheidung klug war. Es lag deutlich auf der Hand, daß sie wie Drizzt Do'Urden in Mithril-Halle den Tod finden würden, falls sie blieben.

»Eine Stunde bis zum letzten Durchgang«, antwortete Bruenor. »Eine Stunde, nicht mehr, von hier aus.«

Der Trupp Dunkelzwerge hatte die Höhle bald wieder verlassen, und die Gefährten setzten ihren Weg fort. Jetzt waren sie noch vorsichtiger. Sie fürchteten sich vor jedem Schritt, der lauter war als beabsichtigt.

Bruenors Erinnerungen wurden mit jedem Schritt klarer. Er wußte genau, wo sie waren, und steuerte auf dem direktesten Weg auf die Schlucht los. Er wollte so schnell wie möglich die Hallen verlassen. Aber nach vielen Minuten stieß er auf einen Seitengang, den er einfach nicht außer acht lassen konnte. Ihm war klar, daß jede Verzögerung ein Wagnis war, aber die Versuchung, die von dem Saal am Ende des Korridors ausging, war einfach zu groß, als daß er ihr widerstehen konnte. Er mußte einfach herausfinden, wie sehr Mithril-Halle geplündert worden war. Er mußte wissen, ob der kostbarste Saal auf der oberen Ebene die Katastrophe überdauert hatte.

Die Freunde folgen ihm, ohne Fragen zu stellen, und bald standen sie vor einer hohen, verzierten Metalltür, in die der

Hammer von Moradin, dem größten Zwergengott, und eine Reihe von Runen eingemeißelt waren. Bruenors mühsamer Atem strafte seine Gelassenheit Lügen.

»Hier liegen die Geschenke unserer Freunde«, las Bruenor feierlich vor, »und die Handwerksarbeiten unserer Sippe. Wisse, sobald du diese heilige Halle betrittst, schaust du auf das Vermächtnis der Sippe Heldenhammer. Freunde sind willkommen, Diebe seien gewarnt!« Bruenor wandte sich an seine Freunde, und vor Aufregung traten Schweißperlen auf seine Stirn. »Die Halle Dumathoin«, erklärte er.

»Seit zweihundert Jahren bewohnen deine Feinde die Hallen«, überlegte Wulfgar. »Sicherlich wurde sie längst geplündert.«

»Nein«, widersprach Bruenor. »Die Tür ist durch Magie abgesichert und öffnet sich den Feinden der Sippe nie. Innen sind unzählige Fallen aufgestellt, um einem Dunkelzwerg den Garaus zu machen, wenn er es doch schaffen sollte!« Er funkelte Regis an, und seine grauen Augen verengten sich zu einer strengen Warnung. »Paß auf deine Hände auf, Knurrbauch. Es kann gut sein, daß eine Falle nicht unterscheiden kann, daß du ein freundlicher Dieb bist!«

Der Rat schien Regis so vernünftig, daß er den beißenden Spott des Zwerges überhören wollte. Daher vergrub der Halbling die Hände in den Hosentaschen, wodurch er unwillkürlich die Wahrheit von Bruenors Worten bestätigte.

»Nimm die Fackel von der Wand«, sagte Bruenor zu Wulfgar. »Mein Gedächtnis sagt mir, daß in der Halle keine Lichter brennen.«

Noch bevor Wulfgar zu ihnen zurückgekehrt war, hatte Bruenor angefangen, die große Tür zu öffnen. Sie ließ sich von den Händen eines Freundes leicht aufschieben und bewegte sich weit in einen kleinen Vorraum hinein, der von einem schweren schwarzen Vorhang abgegrenzt wurde. Eine Pendelklinge hing unheilverkündend mitten in der Kammer, und darunter lag ein Haufen Knochen.

»Diebische Hunde«, kicherte Bruenor voll grimmiger Zufriedenheit. Er ging an der Klinge vorbei und weiter zum Vorhang. Dort wartete er auf seine Freunde, um gemeinsam mit ihnen den Saal zu betreten.

Bruenor hielt inne und nahm seinen ganzen Mut zusammen, um das letzte Hindernis zu der Halle zu überwinden. Inzwischen glänzte auf den Gesichtern aller Freunde Schweiß, da sie von der Aufregung des Zwerges angesteckt wurden.

Mit einem entschlossenen Knurren zog Bruenor den Vorhang zur Seite. »Schaut auf die Halle Duma...«, begann er, aber die Worte blieben ihm in der Kehle stecken, als er hinter die Öffnung sah. Von der Zerstörung, die sie bisher in den Hallen gesehen hatten, war keine so vollkommen wie hier. Der Boden war überall mit Steinhügeln übersät. Sockel, auf denen einst die schönsten Arbeiten der Sippe ausgestellt waren, lagen zerbrochen herum, und andere waren zu Staub zerstampft worden.

Bruenor taumelte blindlings in die Halle hinein. Seine Hände zitterten, und ein wilder Schrei des Zorns lag ihm in der Kehle. Er wußte, ohne daß er den ganzen Saal genau untersuchen mußte, daß die Zerstörung vollkommen war.

»Wie ist das möglich?« stöhnte Bruenor. Doch noch während er fragte, sah er das große Loch in der Wand. Kein Tunnel, um die hinderliche Tür zu umgehen, sondern ein tiefer

Riß im Gestein, als wäre ein unglaublicher Rammbock hindurchgedrungen.

»Welche Kraft kann so etwas zustande bringen?« fragte Wulfgar, der den Blick des Zwerges zur Öffnung verfolgt hatte.

Bruenor ging hinüber und suchte nach Hinweisen. Catti-brie und Wulfgar folgten ihm, während Regis die andere Richtung einschlug, nur um zu sehen, ob noch etwas von Wert übriggeblieben war.

Catti-bries Blick fiel auf etwas, das in Regenbogenfarben auf dem Boden glitzerte. Zuerst dachte sie, es sei eine dunkle Pfütze. Doch als sie sich bückte, erkannte sie, daß es keineswegs eine Flüssigkeit war, sondern eine Schuppe, die schwärzer war als die schwärzeste Nacht und ungefähr die Größe eines Menschen hatte. Als sie entsetzt aufschrie, eilten Wulfgar und Bruenor zu ihr hinüber.

»Drache!« platzte Wulfgar heraus, der die unverwechselbare Form wiedererkannte. Er ergriff die Schuppe am Rand und stellte sie aufrecht hin, um sie besser betrachten zu können. Dann sahen er und Catti-brie Bruenor fragend an, ob er vielleicht etwas über dieses Ungeheuer wußte.

Die weit aufgerissenen, entsetzten Augen des Zwerges beantwortete ihnen ihre Frage, bevor sie sie laut gestellt hatten.

»Schwärzer als schwarz«, flüsterte Bruenor, der wieder jene Worte hervorstieß, mit denen jener verhängnisvolle Tag vor zweihundert Jahren beschrieben wurde. »Mein Vater hatte mir von ihm erzählt«, erklärte er Wulfgar und Catti-brie. »Er bezeichnete ihn als einen Drachen, den Dämonen ausgebrütet haben, eine Dunkelheit, die schwärzer als schwarz ist. Es waren also nicht die Dunkelzwerge, die uns in die Flucht geschlagen haben – wir hätten sie sicher bis zum letzten Mann bekämpft. Der Drache der Finsternis hat unsere Leute umgebracht und uns aus den Hallen vertrieben. Nicht einer von zehn blieb übrig, um seinen widerlichen Horden in den kleineren Hallen am anderen Ende standhalten zu können.«

Ein heißer Luftzug aus der Öffnung erinnerte sie daran, daß es hier wahrscheinlich eine Verbindung zu den unteren Hallen und zu der Drachenhöhle gab.

»Laßt uns verschwinden!« schlug Catti-brie vor, »bevor die Bestie herausfindet, daß wir hier sind.«

Im selben Augenblick schrie Regis an der anderen Seite des Saals auf. Die Freunde eilten zu ihm, ohne zu wissen, ob ein Schatz oder eine Gefahr die Ursache für diesen Aufschrei war.

Sie fanden ihn, wie er neben einem Steinhaufen hockte und in eine Lücke zwischen den Steinen spähte.

Er hielt einen Pfeil mit silbernem Schaft hoch. »Ich habe ihn dort drinnen gefunden«, berichtete er. »Und da ist noch etwas – ein Bogen, glaube ich.«

Wulfgar hielt die Fackel in die Nähe der Lücke, und jetzt sahen sie alle ganz deutlich etwas Bogenförmiges aus Holz und eine silbrig glänzende Bogensehne. Wulfgar griff nach dem Holz. Er zog nur leicht daran, da er befürchtete, der Bogen könne in seinen Händen unter dem gewaltigen Gewicht der Steine zerbrechen.

Aber auch bei einem kräftigen Ruck gaben die Steine nicht nach. Er sah sie sich daraufhin näher an und suchte eine andere Möglichkeit, um an die Waffe zu kommen.

Regis hatte in der Zwischenzeit noch etwas gefunden, eine

goldene Platte, die in einem anderen Spalt zwischen den Steinen festklemmte. Er schaffte es, sie herauszubekommen, und hielt sie in das Fackellicht, um die eingeschnitzten Runen zu erkennen.

»›Taulmarin, der Herzenssucher‹«, las er laut vor. »›Geschenk von ...‹«

»Anariel, Schwester von Faerun«, beendete Bruenor den Satz, ohne einen Blick auf die Platte zu werfen. Er nickte zustimmend, als Catti-brie ihn fragend ansah.

»Hol den Bogen heraus, Junge«, sagte er zu Wulfgar. »Man kann ihn bestimmt sinnvoller anwenden, als ihn hier liegenzulassen.«

Wulfgar hatte inzwischen eine Möglichkeit gefunden und angefangen, einige Steine zu entfernen. Bald konnte Catti-brie den Langbogen herausziehen. Dabei erblickte sie noch etwas zwischen den Steinen und bat Wulfgar, er solle weitermachen.

Während der kräftige Barbar noch mehr Steine zur Seite bewegte, bewunderten die anderen die Schönheit des Bogens. Sein Holz hatte von den Steinen nicht den kleinsten Kratzer abbekommen, und sein tiefer Glanz kehrte bei der ersten Berührung zurück. Catti-brie spannte ihn mühelos, hielt ihn hoch und spürte seinen festen, gleichmäßigen Zug.

»Probier ihn doch aus«, schlug Regis vor und reichte ihr den silbernen Pfeil.

Catti-brie konnte nicht widerstehen. Sie legte den Pfeil an der silbrigen Sehne an und zog ihn zurück. Sie wollte prüfen, wie er in der Hand lag, und keineswegs abschießen.

»Ein Köcher!« rief Wulfgar, als er den letzten Stein hochhob. »Und noch mehr silberne Pfeile.«

Bruenor zeigte in die Schwärze und nickte. Catti-brie zögerte nicht eine Sekunde.

Ein strahlender, silberner Schweif folgte dem schwirrenden Geschoß, als es durch die Dunkelheit schnellte. Alle spürten etwas, was über das Normale hinausging, und liefen in die Richtung, die der Pfeil genommen hatte. Sie fanden ihn sofort, denn er steckte bis zur Hälfte mit seinen Federn in der Wand!

Um seine Einschlagstelle herum war der Stein versengt, und obwohl Wulfgar mit voller Kraft an ihm zerrte, konnte er den Pfeil nicht einen Millimeter bewegen.

»Kein Grund, sich zu ärgern«, sagte Regis, der die Pfeile in dem Köcher zählte, den Wulfgar in der Hand hielt. »Da sind noch neunzehn... zwanzig weitere!« Er wich verblüfft zurück. Die anderen sahen ihn verwirrt an.

»Es waren zuerst neunzehn«, erklärte Regis. »Ich habe richtig gezählt.«

Wulfgar, der das nicht verstand, zählte die Pfeile schnell noch einmal. »Zwanzig«, meinte er.

»Jetzt sind es zwanzig«, erwiderte Regis. »Aber zuerst waren es neunzehn.«

»Der Köcher ist also auch magisch«, überlegte Catti-brie. »In der Tat ein machtvolles Geschenk, das Anariel deiner Sippe gegeben hat!«

»Was werden wir wohl noch in diesen Ruinen finden?« fragte Regis und rieb sich die Hände.

»Nichts«, antwortete Bruenor mürrisch. »Wir verschwinden hier schnellstmöglich, und kein weiteres Wort von dir!«

Regis sah mit einem Blick auf die zwei anderen, daß er von ihnen keine Unterstützung gegen den Zwerg erwarten konnte. Er zuckte also hilflos die Achseln und folgte ihnen zurück durch den Vorhang und in den Korridor hinaus.

»Zur Schlucht!« verkündete Bruenor und nahm den Weg wieder auf.

»Halt, Bok!« flüsterte Sydney, als das Fackellicht der Gefährten im Korridor nicht weit vor ihnen wieder auftauchte.

»Noch nicht«, sagte sie, und ein Lächeln der Vorfreude legte sich auf ihr staubverschmiertes Gesicht. »Wir werden einen günstigeren Augenblick finden.«

Silber im Schatten

Plötzlich erkannte er etwas in dem grauen Nebelschleier, etwas Greifbares inmitten eines Wirbels der Leere. Es schwebte vor ihm und drehte sich langsam.

Die Umrisse verdoppelten sich und gingen auseinander, und dann zogen sie sich wieder zusammen. Er kämpfte gegen den dumpfen Schmerz in seinem Kopf an, gegen die innere Schwärze, die ihn verzehrt hatte und immer noch versuchte, ihre Herrschaft über ihn aufrechtzuerhalten. Allmählich wurde er sich seiner Arme und Beine bewußt, und ihm fiel wieder ein, wer er war und wie er hierhergekommen war.

In jähem Schreck nahm der Umriß vor seinen Augen kristallklare Schärfe an. Es war die Spitze eines juwelenbesetzten Dolches.

Entreri ragte über ihm auf, eine düstere Silhouette gegen den Hintergrund einer Fackel, die einige Meter entfernt an der Wand befestigt war. Er hielt seine Klinge bereit, um bei dem ersten Zeichen von Widerstand zuzuschlagen. Drizzt konnte sehen, daß auch der Meuchelmörder bei dem Sturz verletzt worden war, aber offensichtlich hatte er sich schneller erholt.

»Kannst du laufen?« fragte Entreri, und Drizzt war klug genug zu wissen, was geschehen würde, wenn er die Frage verneinte.

Er nickte und machte Anstalten, aufzustehen, aber der Dolch kam sehr schnell näher.

»Noch nicht«, knurrte Entreri. »Wir müssen erst herausbekommen, wo wir sind und wohin wir am besten gehen.«

Drizzt wandte seine Aufmerksamkeit von dem Meuchelmörder ab und studierte ihre Umgebung. Er war überzeugt, daß Entreri ihn schon längst getötet hätte, wenn es seine Absicht gewesen wäre. Sie waren noch in den Minen, soviel stand fest, denn die Mauern waren aus roh behauenen Steinen und wurden etwa alle zehn Meter von Holzpfeilern gestützt.

»Wie tief sind wir wohl gestürzt?« fragte er den Meuchelmörder, denn er hatte das Gefühl, daß sie sich weit unterhalb von jenem Raum befanden, in dem sie gekämpft hatten.

Entreri zuckte die Achseln. »Ich erinnere mich, daß ich nach einem kurzen Fall auf hartem Stein gelandet und dann einen steilen Schacht, der sich auch noch schlängelte, hinuntergerutscht bin. Es hat eine Zeitlang gedauert, bevor wir schließlich hier angekommen sind.« Er zeigte in einer Ecke auf eine Öffnung in der Decke, durch die sie herabgestürzt waren. »Aber ein Mensch, der zu sterben glaubt, hat ein ganz anderes Zeitgefühl, und die ganze Sache war vielleicht viel schneller vorbei, als es mir vorkam.«

»Vertraue ruhig deiner ersten Reaktion«, meinte Drizzt, »denn meine Wahrnehmung sagt mir auch, daß wir wirklich einen langen Weg zurückgelegt haben.«

»Und wie kommen wir hier wieder heraus?«

Drizzt musterte die leichte Steigung in dem Boden und zeigte nach rechts. »Die Schräge verläuft in diese Richtung«, sagte er.

»Dann steh auf!« befahl Entreri und streckte eine Hand aus, um dem Dunkelelfen zu helfen.

Drizzt nahm die Hilfe an und erhob sich vorsichtig, ohne seinerseits ein Zeichen von Bedrohung zu geben. Er wußte, daß Entreris Dolch ihn aufschlitzen könnte, noch bevor er seinen ersten Schlag ausgeteilt hätte.

Auch Entreri war sich dessen bewußt, aber in dieser Notlage erwartete er von Drizzt ohnehin keinen Ärger. Sie hatten in der Nische mehr als einen Schlagabtausch im Säbelkampf gehabt, und beide sahen sich mit widerwilligem Respekt an.

»Ich brauche deine Augen«, erklärte Entreri, aber Drizzt hatte sich schon so etwas gedacht. »Ich habe nur eine Fackel gefunden, und die wird nicht ausreichen, um mich nach draußen zu bringen. Deine Augen, Nachtelf, finden dagegen den Weg in der Dunkelheit. Ich werde ganz in der Nähe sein und jeden deiner Schritte verfolgen, ganz in der Nähe, um dich mit einem einzigen Stoß zu töten!« Wieder drehte er seinen Dolch um, um seinen Standpunkt zu betonen, aber Drizzt verstand ihn auch ohne diese Geste gut genug.

Beim Aufstehen hatte Drizzt festgestellt, daß er nicht so

schwer verletzt war, wie er vermutet hatte. An einem Bein hatte er sich den Knöchel und das Knie verstaucht, und er wußte, daß jeder Schritt schmerzhaft sein würde, sobald er es belastete. Trotzdem durfte Entreri ihm nichts anmerken. Er war für den Meuchelmörder ohne jeden Wert, wenn er nicht mithielt.

Entreri machte sich auf, um die Fackel zu holen, und Drizzt überprüfte kurz seine Ausrüstung. Einer von seinen Säbeln steckte in Entreris Gürtel, aber der andere, sein magischer Säbel, war verschwunden. Er spürte einen seiner Dolche im Stiefel, war aber nicht sicher, ob der ihm viel helfen konnte, sich gegen den Säbel und den Dolch seines geübten Gegners zu verteidigen. Sich Entreri derart benachteiligt im Kampf zu stellen, war etwas, was er sich für die verzweifelteste Situation reserviert hatte.

Mit plötzlichem Entsetzen griff Drizzt nach dem Beutel, den er am Gürtel trug, und seine Angst wurde größer, denn die Bänder waren geöffnet. Noch bevor er mit der Hand in den Beutel gelangt hatte, wußte er, daß Guenhwyvar verschwunden war. Er schaute sich hektisch um, sah rundum aber lediglich Schutt und Asche.

Entreri, dem Drizzts Unruhe nicht entging, grinste bösartig unter der Kapuze seines Umhangs. »Wir gehen!« teilte er dem Dunkelelfen mit.

Drizzt blieb nichts anderes übrig. Er konnte Entreri auf keinen Fall etwas über die magische Statuette sagen und damit das Risiko auf sich nehmen, daß Guenhwyvar wieder in den Besitz eines schlechten Herrn fiele. Drizzt hatte den großen Panther schon einmal von diesem Schicksal befreit und würde es lieber sehen, wenn er für alle Ewigkeit unter Tonnen von Stein vergraben läge, als daß er wieder in die Hände eines unwürdigen Herrn fiel. Mit einem letzten trauernden Blick auf den Schutt fand er sich gleichmütig mit dem Verlust ab und tröstete sich mit der Tatsache, daß die Katze auf ihrer Existenzebene auf jeden Fall unversehrt lebte.

Die Pfeiler in dem Tunnel zogen sich mit beunruhigender Regelmäßigkeit hin, als gingen sie immer wieder an der gleichen Stelle vorbei. Drizzt fiel auf, daß der Tunnel sich in einem weiten Bogen erstreckte und dabei leicht anstieg. Das machte ihn noch nervöser. Er kannte das überragende Können der Zwerge im Tunnelbau, besonders wenn es um wertvolle Edelsteine und Metalle ging, und er begann sich zu fragen, wie viele Meilen sie wohl noch zurücklegen mußten, bevor sie überhaupt die nächsthöhere Ebene erreichen würden.

Obwohl Entreris Wahrnehmung im Dunkeln weniger scharf und er mit der Bauweise der Zwerge nicht vertraut war, bedrückten ihn die gleichen unbehaglichen Gefühle. Aus einer Stunde wurden zwei, und immer noch sahen sie in der Dunkelheit nichts als Holzpfeiler.

»Die Fackel brennt schon ziemlich niedrig«, brach Entreri das Schweigen, das seit ihrem Aufbruch geherrscht hatte. Selbst ihre Schritte, der geübte Gang verstohlener Krieger, verhallten in der Stickigkeit der niedrigen Passage. »Vielleicht wird sich bald der Vorteil zu deinen Gunsten verschieben, Nachtelf.«

Drizzt wußte es besser. Entreri war wie er ein Geschöpf der Nacht, mit erhöhten Reflexen und vielfältigen Erfahrungen, die seine Nachtblindheit in mehr als nur einer Hinsicht ausglichen. Meuchelmörder arbeiteten nicht im Licht der Mittagssonne.

Wortlos wandte sich Drizzt wieder dem Weg zu, aber bei einer plötzlichen Bewegung erregte auf einmal ein Widerschein der Fackel seine Aufmerksamkeit. Er stellte sich vor die Korridorwand, überhörte Entreris nervöses Schlurfen hinter sich und begann, die Wand abzutasten. Er starrte sie an in der Hoffnung, ein weiteres Aufblitzen zu sehen. Dieses silbrige Aufflackern an der Wand entlang stellte sich dann noch einen kurzen Augenblick ein, gerade als Entreri hinter ihn getreten war.

»Wo silberne Ströme fließen«, murmelte er ungläubig.

»Was?« herrschte Entreri ihn an.

»Bring die Fackel hierher«, war Drizzts einzige Antwort. Wieder fuhr er mit der Hand über die Wand und suchte den Beweis, der seine dickköpfige Logik überwinden und Bruenor von dem Verdacht entlasten würde, daß der Zwerg mit seinen Geschichten von Mithril-Halle übertrieben hatte.

Neugierig wie er war, stand Entreri schnell an seiner Seite. Die Fackel zeigte es eindeutig: Eine silberne Ader verlief in der Wand, die so dick war wie Drizzts Unterarm und in ihrer Reinheit von strahlendem Glanz erfüllt wurde.

»Mithril«, sagte Entreri mit großen Augen. »Ein Königsschatz!«

»Aber für uns von wenig Nutzen«, entgegnete Drizzt, um ihre Aufregung zu dämpfen. Er ging wieder den Korridor entlang, als ob ihn die Mithrilader völlig unbeeindruckt ließ. Irgendwie fand er, daß Entreri diesen Ort nicht betrachten durfte und daß die bloße Gegenwart des Meuchelmörders die Reichtümer der Sippe Heldenhammer beschmutzte. Drizzt wollte ihm keinen Grund liefern, diese Hallen wieder aufzusuchen. Entreri zuckte die Schultern und folgte ihm.

Die Steigung im Korridor wurde steiler, und die silbernen Widerspiegelungen der Mithriladern tauchten in solcher Regelmäßigkeit wieder auf, daß Drizzt zu grübeln begann, ob Bruenor den Reichtum seiner Sippe nicht unterschätzt habe.

Entreri, der mit nur einem Schritt Abstand hinter dem Dunkelelfen ging, war zu sehr damit beschäftigt, seinen Gefährten im Auge zu behalten, als daß er das kostbare Metall genauer begutachtet hätte, aber er erkannte sehr wohl das Potential, von dem er umgeben war. Ihn persönlich interessierten derartige Unternehmungen wenig, aber er wußte, daß sich diese Information als wertvoll erweisen und ihm bei künftigen Verhandlungen dienlich sein würde.

Kurz darauf erlosch die Fackel. Sie stellten jedoch fest, daß sie trotzdem recht gut sehen konnten, denn weiter vorne hinter den Abbiegungen des Tunnels befand sich eine schwache Lichtquelle. Trotz dieser Tatsache schloß der Meuchelmörder die Lücke zwischen sich und Drizzt und legte ihm die Dolchspitze an den Rücken. Er wollte kein Risiko eingehen und seine einzige Hoffnung auf ein Entkommen verlieren, falls das Licht vielleicht doch noch verschwand.

Aber es wurde noch stärker, denn seine Quelle war groß. Die Luft um sie herum wurde wärmer, und bald hörten sie aus der Ferne das mahlende Geräusch einer Maschine im Tunnel widerhallen. Entreri sicherte sich weiter ab, packte Drizzts Umhang und zog ihn enger zu sich heran. »Du bist hier genauso wie ich ein Eindringling«, flüsterte er. »Es ist für uns beide wichtig, unentdeckt zu bleiben.«

»Könnten sich Minenarbeiter als schlimmer erweisen, als das Schicksal, das du mir zu bieten hast?« fragte Drizzt mit einem ironischen Seufzer.

Entreri ließ den Umhang los und trat zurück. »Es scheint, daß ich dir mehr anbieten muß, um mir deine Zustimmung zu sichern«, sagte er.

Drizzt musterte ihn gründlich, da er nicht wußte, was er zu erwarten hatte. »Jeder Vorteil liegt auf deiner Seite«, sagte er.

»Das stimmt aber nicht«, widersprach der Meuchelmörder. Drizzt stand sprachlos da, als Entreri seinen Dolch wieder einsteckte. »Ich könnte dich töten, das stimmt wohl. Aber zu welchem Nutzen? Ich finde kein Vergnügen am Töten.«

»Aber das Morden mißfällt dir nicht«, gab Drizzt zurück.

»Ich tue, was ich tun muß«, sagte Entreri, der die bissige Bemerkung mit einem Lachen abschwächte.

Drizzt durchschaute diesen Mann nur zu gut: Leidenschaftslos und nüchtern und unbestritten geübt in allen Methoden, die den Tod herbeiführen. Als er Entreri ansah, wurde ihm klar, was aus ihm geworden wäre, wenn er in Menzoberranzan bei seinem gleichermaßen amoralischen Volk geblieben wäre. Entreri verkörperte die Grundsätze der Nachtelfengesellschaft und die selbstsüchtige Herzlosigkeit, die Drizzt aus dem Erdinnern vertrieben hatte. Er sah den Meuchelmörder direkt an und verabscheute jeden Zentimeter an diesem Mann, fühlte sich aber gleichzeitig nicht in der Lage, sich von der Anteilnahme, die er für ihn empfand, zu lösen.

Er war überzeugt, sich jetzt für seine Grundsätze einsetzen zu müssen, so wie er es vor Jahren in der dunklen Stadt getan hatte. »Du tust, was du tun mußt«, fauchte er Entreri voller Verachtung an, ohne an mögliche Folgen für sich selbst zu denken, »gleichgültig, zu welchem Preis.«

»Gleichgültig, zu welchem Preis«, wiederholte Entreri gleichmütig, und sein selbstzufriedenes Lächeln verdrehte die Beleidigung zu einem Kompliment. »Sei froh, daß ich so nüchtern bin, Drizzt Do'Urden, sonst wärst du niemals von deinem Sturz erwacht. Aber genug von diesem sinnlosen Gerede. Ich habe dir einen Handel anzubieten, der für uns beide von Vorteil sein kann.« Drizzt schwieg und gab nicht zu erkennen, inwieweit er interessiert war.

»Du weißt, warum ich hier bin?« fragte Entreri.

»Wegen des Halblings.«

»Du irrst dich«, erwiderte Entreri. »Nicht wegen des Halblings, sondern wegen des Anhängers. Er hat ihn meinem Herrn gestohlen, aber ich bezweifle, daß er das dir gegenüber zugegeben hat.«

»Ich vermute mehr, als man mir sagt«, gab Drizzt zurück und ging ironisch auf den nächsten Punkt ein. »Dein Herr möchte sich auch rächen, nicht wahr?«

»Vielleicht«, antwortete Entreri, ohne zu zögern. »Aber die Rückkehr des Anhängers ist von allergrößter Wichtigkeit. Darum schlage ich dir folgendes vor: Wir werden zusammenarbeiten, um zu deinen Freunden zurückzufinden. Ich biete dir meinen Beistand auf dem Weg und dein Leben im Austausch für den Anhänger an. Sobald wir sie gefunden haben, überredest du den Halbling, ihn mir zu übergeben, und ich werde meines Weges ziehen und nicht zurückkehren. Mein Herr bekommt seinen Schatz zurück, und dein kleiner Freund wird den Rest seines Lebens verbringen können, ohne ständig über die Schulter schauen zu müssen.«

»Auf dein Wort?« fragte Drizzt.

»Auf meine Taten«, gab Entreri zurück. Er zog den

Krummsäbel aus seinem Gürtel und warf ihn Drizzt zu. »Ich habe nicht die Absicht, in diesen verlassenen Minen zu sterben, Dunkelelf, und du hoffentlich auch nicht.«

»Woher willst du wissen, daß ich meinen Teil wirklich erfülle, wenn wir meine Gefährten wiederfinden?« fragte Drizzt, während er die Klinge vor sich hielt und sie untersuchte. Er konnte die Wende in den Ereignissen kaum fassen.

Entreri lachte wieder. »Du bist zu ehrenhaft, um solche Zweifel in mir aufkommen zu lassen, Nachtelf. Du wirst das tun, wozu du dich einverstanden erklärt hast, dessen bin ich mir sicher! Abgemacht?«

Drizzt mußte der Treffsicherheit dieser Einschätzung zustimmen. Gemeinsam hatten sie tatsächlich eine Chance, den unteren Ebenen zu entkommen. Drizzt wollte die Gelegenheit nicht vorbeigehen lassen, seine Freunde wiederzufinden, nicht für den Preis eines Anhängers, der Regis in größere Schwierigkeiten gebracht hatte, als er es wert war. »Abgemacht«, sagte er.

In dem Korridor wurde es nach jeder Biegung heller, nicht von flackerndem Fackellicht, sondern von einer beständigeren Quelle. Gleichzeitig wurde das Geräusch von Maschinen lauter, und die beiden mußten sich anschreien, um sich verständlich zu machen.

Nach einer letzten Biegung kamen sie plötzlich am Ende der Minen an, und die letzten Holzpfeiler gingen in eine riesengroße Höhle über. Vorsichtig bewegten sie sich zwischen den Pfeilern zu einem kleinen Vorsprung hinüber, der an einer weiten Schlucht entlang verlief – der riesige Unterstand der Sippe Heldenhammer.

Glücklicherweise befanden sie sich auf der obersten Ebene der Schlucht. In beide Wände waren große Stufen bis hinunter zum Boden gehauen worden, und jede Stufe führte zu Reihen von verzierten Türen: zu den Eingängen der Häuser von Bruenors Verwandten. Jetzt waren die Stufen fast leer, aber Drizzt, dem Bruenor unzählige Geschichten erzählt hatte, konnte sich die vergangene Pracht dieses Ortes gut ausmalen. Zehntausend Zwerge, unermüdlich in ihrer Leidenschaft für ihre Arbeit, hämmerten Mithril und sangen Loblieder auf ihre Götter.

Was für ein Anblick mußte das gewesen sein! Zwerge, die von einer Ebene zur nächsten liefen, um ihr neuestes Werk zu zeigen, ein Stück Mithril von unglaublicher Schönheit und unermeßlichem Wert. Und so wie Drizzt die Zwerge in Eiswindtal kannte, waren die Künstler dennoch bei dem kleinsten Makel zu ihrem Amboß geflitzt und hatten ihre Götter gebeten, ihnen zu vergeben und ihnen noch mehr Geschick zu verleihen, wie sie es für die Herstellung eines noch feineren Stücks benötigten. Keine Rasse in den ganzen Welten bewies einen solchen Stolz auf die eigene Arbeit wie die Zwerge, und die Angehörigen der Sippe Heldenhammer waren selbst nach den strengen Maßstäben des bärtigen Volkes noch besonders pedantisch.

Jetzt herrschte nur noch auf dem Boden der Schlucht geschäftiges Treiben, denn einige hundert Meter unter ihnen erstreckten sich in alle Richtungen die Hauptschmieden von Mithril-Halle, Öfen, die heiß genug waren, um das harte Metall aus den Gesteinsbrocken zu schmelzen. Selbst aus dieser Höhe spürten Drizzt und Entreri die glühende Hitze, und in dem starken Licht mußten sie blinzeln. Scharen von vierschrötigen Arbeitern liefen herum und schoben Karren mit Erz oder Brennstoff für die Öfen. Es waren Duergar, vermutete Drizzt, obwohl er sie bei dem grellen Licht aus dieser Höhe nicht genau ausmachen konnte.

Nur wenige Meter rechts vom Tunnelausgang verlief eine große, sanft gebogene Rampe spiralförmig zur nächsten Stufe. Zur Linken führte der Vorsprung an der Wand entlang, schmal und nicht für einen zwanglosen Spaziergang geeignet, aber weiter hinten in seinem Verlauf konnte Drizzt die schwarze Silhouette einer Brücke erkennen, die sich über die Kluft spannte.

Entreri gab ihm ein Zeichen, sich in den Tunnel zurückzuziehen. »Die Brücke scheint unser bester Weg zu sein«, meinte der Meuchelmörder. »Aber es gefällt mir nicht, bei so vielen Dunkelzwergen den Vorsprung entlangzugehen.«

»Wir haben kaum eine andere Möglichkeit«, überlegte Drizzt. »Wir könnten zurückgehen und einige Nebenkorridore untersuchen, an denen wir vorbeigekommen sind, aber wahrscheinlich sind es nur Erweiterungen der Minenanlage, und ich bezweifle, daß sie uns voranbringen.«

»Also müssen wir vorwärts gehen«, stimmte Entreri zu. »Vielleicht werden uns der Lärm und das grelle Licht genügend Deckung geben.« Unverzüglich stahl er sich zu dem Vorsprung hinüber und machte sich auf den Weg zu dem dunklen Umriß der Brücke. Drizzt folgte ihm auf den Fersen.

Obwohl der Vorsprung nicht breiter als sechzig Zentimeter war und meistens noch schmaler, hatten die gewandten Krieger keine Schwierigkeiten, ihn zu begehen. Bald standen sie vor der Brücke, einem schmalen Steinweg, der sich über das geschäftige Treiben spannte.

Gebückt bewegten sie sich mühelos weiter. Als sie den Bogen zur Hälfte überquert hatten und mit dem Abstieg zur anderen Seite hin begannen, sahen sie einen breiteren Vorsprung an der anderen Wand der Schlucht. Am Ende der Brücke wurde ein Tunnel sichtbar, der wie der andere, den sie auf der oberen Ebene verlassen hatten, mit Fackeln beleuchtet war. Links vom Eingang stand eine Gruppe von kleinen Gestalten, Duergar, die in eine Unterhaltung vertieft waren und von ihrer Umgebung keine Notiz nahmen. Entreri sah mit einem verstohlenen Lächeln zu Drizzt zurück und zeigte auf den Tunnel.

Lautlos wie Katzen und im Schatten unsichtbar verschwanden sie in den Tunnel, ohne von der Duergargruppe bemerkt zu werden.

Holzpfeiler zogen rasch an ihnen vorbei, als sie ein schnelleres Tempo anschlugen und die Unterstadt hinter sich ließen. Roh behauene Wände boten ihnen mit ihren Schatten genügend Schutz im Fackellicht, und erst als der Lärm der Arbeiter hinter ihnen zu einem fernen Gemurmel verblaßt war, entspannten sie sich ein wenig und schauten voller Erwartung einem Wiedersehen mit den Gefährten entgegen.

Sie bogen um eine Krümmung in dem Tunnel und stießen fast mit einen Duergar-Wächter zusammen.

»Was macht ihr denn hier?« bellte der Wächter sie an. Sein Breitschwert aus Mithril glänzte im flackernden Licht der Fackeln auf. Auch seine Rüstung, Kettenpanzer, Helm und glänzender Schild, war aus dem kostbaren Metall, ein einziger Soldat war mit einem Königsschatz ausgestattet!

Drizzt ging an Entreri vorbei und forderte ihn mit einem Wink auf, er solle sich zurückhalten. Er wollte keine Leichenspur auf ihrem Fluchtweg zurücklassen. Der Meuchelmörder sah ein, daß der Nachtelf im Umgang mit diesem anderen Unterweltbewohner vielleicht mehr Glück hatte. Da der Duergar nicht sehen sollte, daß er ein Mensch war, was die Glaubwürdigkeit jeder Geschichte beeinträchtigt hätte, die Drizzt vielleicht erfand, zog er sich die Kapuze dicht über das Gesicht.

Der Wächter sprang einen Schritt zurück und riß seine Augen vor Verblüffung weit auf, als er in Drizzt einen Dunkelelfen erkannte. Drizzt warf ihm einen finsteren Blick zu und gab keine Antwort.

»Äh... was könntest du in den Minen zu suchen haben?« fragte der Duergar und bemühte sich jetzt offensichtlich um einen höflichen Ton.

»Spazierengehen«, erwiderte Drizzt kühl, der anhaltende Verärgerung über die anfängliche mürrische Begrüßung vortäuschte.

»Und... äh... wer könntest du sein?« stammelte der Wächter.

Entreri beobachtete, wie der Dunkelzwerg aus Angst vor Drizzt zitterte. Ganz offensichtlich genossen die Dunkelelfen einen noch größeren Respekt bei den Rassen der Unterwelt als bei den oberirdischen Bewohnern. Der Meuchelmörder merkte sich das und beschloß, mit Drizzt in Zukunft vorsichtiger umzugehen.

»Ich bin Drizzt Do'Urden aus dem Haus Daermon N'a'shezbaernon, der neunten Familie zum Thron von Menzoberranzan«, antwortete Drizzt, der keine Notwendigkeit für eine Lüge sah.

»Ich grüße dich!« rief der Wächter, übereifrig bedacht, die

Gunst des Fremden zu gewinnen. »Mucknuggle von der Sippe Bukbukken bin ich.« Er verbeugte sich tief, und sein grauer Bart fegte über den Boden. »Nicht häufig begrüßen wir Gäste in den Minen. Suchst du eine bestimmte Person? Oder wie sonst kann ich dir behilflich sein?«

Drizzt dachte einen Augenblick nach. Wenn seine Freunde den Einsturz überlebt hatten, und er mußte auf diese Hoffnung bauen, dann hatten sie sich auf den Weg zu Garumns Schlucht gemacht. »Ich habe meine Geschäfte erledigt«, sagte er dem Duergar. »Ich bin zufrieden.«

Mucknuggle sah ihn neugierig an. »Zufrieden?«

»Dein Volk hat zu tief gegraben«, erklärte Drizzt. »Und dabei habt ihr einen unserer Tunnel beschädigt. Folglich sind wir gekommen, um diese Anlage zu untersuchen, damit sichergestellt ist, daß sie nicht wieder von Feinden der Dunkelelfen bewohnt wird. Ich habe eure Schmieden gesehen, Dunkelzwerg, ihr könnt stolz darauf sein.«

Der Wächter richtete seinen Gürtel und zog den Bauch ein. Die Sippe Bukbukken war wirklich stolz auf ihre Anlagen, obwohl sie eigentlich alles von der Sippe Heldenhammer gestohlen hatte. »Und du bist zufrieden, sagst du. Und wohin willst du jetzt gehen, Drizzt Do'Urden? Etwa den Boß sehen?«

»Wen würde ich denn dann aufsuchen, wenn ich diese Absicht hätte?«

»Kennst du etwa Trübschimmer nicht?« fragte Mucknuggle mit einem wissenden Kichern. »Den Drachen der Finsternis, schwärzer als schwarz und wilder als ein durchgedrehter Tanar-Ri! Ich weiß nicht, was er zu Dunkelelfen in seinen Minen meint, aber wir werden ja sehen!«

»Ich denke nicht«, erwiderte Drizzt. »Ich habe alles erfahren, was ich erfahren wollte, und jetzt führt mich mein Weg nach Hause. Ich werde weder Trübschimmers Zeit noch die eines Angehörigen deiner gastfreundlichen Sippe je wieder in Anspruch nehmen.«

»Ich denke, wir gehen zum Boß.« Mucknuggle gab nicht nach, da er jetzt aufgrund von Drizzts Höflichkeit und der Erwähnung seines mächtigen Führers neuen Mut schöpfte. Er kreuzte die schwieligen Arme über der Brust, und das Mithrilschwert lag jetzt deutlich sichtbar auf dem glänzenden Schild.

Drizzt setzte wieder seinen finsteren Blick auf, bewegte einen Finger unter seinem Umhang und zeigte in Richtung auf den Duergar. Mucknuggle beobachtete die Bewegung, wie auch Entreri, der bei der Reaktion des Duergar vor Verwirrung fast zurückwich. Deutlich sichtbar zog aschfahle Blässe über Mucknuggles bereits graues Gesicht. Er stand ganz still da und wagte nicht einmal, Luft zu holen.

»Mein Weg führt mich jetzt sofort nach Hause«, wiederholte Drizzt.

»Natürlich, nach Hause!« rief Mucknuggle. »Kann ich dir behilflich sein, den Weg zu finden? Die Tunnel verlaufen hier ziemlich durcheinander.«

Warum nicht? dachte Drizzt. Ihre Aussichten verbesserten sich vielleicht, wenn sie zumindest den schnellsten Weg gezeigt bekamen. »Eine Schlucht«, sagte er zu Mucknuggle. »In der Zeit vor der Sippe Bukbukken soll sie Garumns Schlucht geheißen haben.«

»Trübschimmers Paß wird sie jetzt genannt«, erklärte Mucknuggle. »Der linke Tunnel an der nächsten Gabelung«, erklärte er und zeigte in den Korridor. »Und von dort aus immer geradeaus.«

Drizzt gefiel der neue Name der Schlucht gar nicht. Er fragte sich, welches Monster seine Freunde wohl vorfänden, wenn sie die Schlucht erreichten. Um nicht noch mehr Zeit zu verschwenden, nickte er Mucknuggle zu und ging seines Wegs. Der Duergar war überaus bereitwillig, ihn gehenzulassen und sich nicht weiter mit ihm auseinandersetzen zu müssen, und trat so weit wie möglich zurück.

Entreri schaute zu Mucknuggle zurück, nachdem sie an ihm vorbeigegangen waren, und sah noch, wie der sich den Angstschweiß von der Stirn wischte. »Wir hätten ihn töten sollen«, sagte er zu Drizzt, nachdem sie einen sicheren Vorsprung gewonnen hatten. »Er wird die ganze Sippe auf uns hetzen.«

»Genauso wie eine Leiche oder ein fehlender Wächter einen Generalalarm auslösen würde«, erwiderte Drizzt. »Vielleicht werden einige kommen, um sich die Richtigkeit seiner Geschichte bestätigen zu lassen, aber jetzt kennen wir zumindest den Weg nach draußen. Er hätte nie gewagt, mich anzulügen, aus Angst, daß ich mit meiner Frage nur seine Wahrheitsliebe überprüfen wollte. Mein Volk ist dafür bekannt, daß es aufgrund solcher Lügen tötet.«

»Was hast du denn eigentlich mit ihm angestellt?« fragte Entreri.

Drizzt konnte sich ein ironisches Kichern über die Vorteile nicht verkneifen, die sich für ihn aus dem bösen Ruf seines Volkes ergaben. Wieder stieß er einen Finger unter seinen Umhang nach vorne. »Stell dir eine Armbrust vor, die so klein ist, daß sie in deine Tasche paßt«, erklärte er. »Würde es keinen Eindruck hinterlassen, wenn man sie auf sein Opfer richtet? Die Dunkelelfen sind für solche Waffen bekannt.«

»Aber wie tödlich kann so ein kleiner Bolzen gegen eine Rüstung aus Mithril schon sein?« fragte Entreri, der immer noch nicht verstand, warum diese Drohgebärde so wirkungsvoll gewesen war.

»Na ja, aber das Gift«, lächelte Drizzt und ging weiter den Korridor hinunter.

Entreri blieb stehen und grinste über die offenkundige Logik. Wie verschlagen und gnadenlos mußten die Dunkelelfen sein, wenn sie mit einer so simplen Bedrohung solch eine starke Reaktion hervorrufen konnten! Offenbar war ihr Ruf keineswegs übertrieben.

Entreri stellte fest, daß er die Nachtelfen zu bewundern begann.

Trotz ihres hohen Tempos wurden sie eher verfolgt, als sie erwartet hatten. Das Stampfen von Stiefeln wurde laut und verschwand wieder, nur um an der nächsten Abbiegung noch lauter und näher als zuvor zu ertönen. Dort gab es Seitengänge, erkannten Drizzt und Entreri und verfluchten jede Biegung in ihrem sich schlängelnden Tunnel. Als ihre Verfolger sie schließlich fast erreicht hatten, hielt Drizzt den Meuchelmörder zurück.

»Es sind nur wenige«, sagte er, da er die unterschiedlichen Schritte unterschieden hatte.

»Bestimmt die Gruppe, die am Vorsprung stand«, meinte Entreri. »Wir stellen uns ihnen. Aber sei schnell, zweifellos kommen hinter ihnen noch mehr.« Der aufgeregte Glanz in den Augen des Meuchelmörders kam Drizzt erschreckend bekannt vor.

Er hatte jedoch keine Zeit, sich über diese unangenehme Ähnlichkeit Gedanken zu machen. Er schüttelte sie von sich ab und konzentrierte sich ganz auf die Aufgabe, die vor ihnen lag. Aus seinem Stiefel zog er den versteckten Dolch – jetzt war nicht die Zeit für Geheimnisse – und suchte eine schattige Vertiefung in der Tunnelwand. Entreri folgte seinem Beispiel und stellte sich auf der anderen Seite des Korridors einige Meter von dem Dunkelelfen entfernt auf.

Die Sekunden verstrichen langsam, und nur das Stampfen von Stiefeln war schwach zu hören. Die Gefährten hielten den Atem an und warteten geduldig, da sie wußten, daß sie noch nicht überholt worden waren.

Plötzlich wurden die Schritte lauter, als die Duergar aus einer Geheimtür in den Haupttunnel stürzten.

»Sie können nicht weit sein!« hörten Drizzt und Entreri einen von ihnen rufen.

»Der Drache wird uns für diese Beute reich belohnen!« grölte ein anderer.

Die Duergar, die alle in glänzende Rüstung gekleidet waren und Mithrilwaffen schwangen, bogen um die letzte Krümmung und kamen in das Blickfeld der Gefährten in ihren Verstecken.

Drizzt betrachtete seinen stumpfen Krummsäbel und überlegte, wie genau seine Hiebe sein mußten, um etwas gegen eine Mithrilrüstung ausrichten zu können. Ein resignierter Seufzer entfuhr ihm, als er daran dachte, wie gern er jetzt seine magische Waffe in der Hand gehalten hätte.

Auch Entreri erkannte das Problem. Er wußte, daß sie irgend etwas unternehmen mußten, um diesen Nachteil auszugleichen. Schnell zog er einen Beutel mit Münzen von seinem Gürtel und schleuderte ihn weit fort in den Korridor. Der Beutel flog durch die Düsterkeit und schlug kurz vor der nächsten Abbiegung klirrend gegen die Wand.

Die Duergargruppe richtete sich gleichzeitig auf. »Einfach geradeaus!« schrie einer. In gebeugter Haltung stürmten sie zur nächsten Krümmung. Zwischen dem Dunkelelfen und dem Meuchelmörder hindurch.

Die Schatten bewegten sich plötzlich und fielen über die verblüfften Dunkelzwerge her. Drizzt und Entreri wählten für den Angriff den günstigsten Augenblick, als der erste von ihnen den Meuchelmörder erreicht hatte und der letzte gerade bei Drizzt angelangt war.

Die Duergar kreischten vor Überraschung und Entsetzen auf. Dolche, Säbel und Krummsäbel fielen von allen Seiten in einem schwirrenden Todeshagel über sie her, zwängten sich in die Nähte ihrer Rüstungen und suchten eine Lücke in dem unnachgiebigen Metall. Sobald sie eine fanden, stießen sie mit gnadenloser Wucht zu.

Als sich die Duergar von dem ersten Schock erholt hatten, lagen zwei von ihnen tot vor den Füßen des Dunkelelfen, ein dritter vor Entreri, und ein anderer hielt sich mit blutüberströmter Hand den Bauch fest und taumelte von dannen.

»Rücken an Rücken!« rief Entreri, und Drizzt, der an die gleiche Strategie gedacht hatte, war bereits mit schnellen Schritten zwischen die versprengten Zwerge gesprungen. Entreri erledigte noch einen, gerade als sie zusammentrafen. Der bedauernswerte Duergar schaute einfach zu lange über die Schulter zu dem nahenden Dunkelelfen hinüber, so daß der juwelenbesetzte Dolch genügend Zeit hatte, eine Lücke am Rand seines Helms zu finden.

Dann arbeiteten sie Rücken an Rücken zusammen, wirbelten im Sog des Umhangs des anderen herum und führten ihre Waffen geschickt in verschwommen wahrnehmbaren Bewegungen, die sich so sehr glichen, daß die drei letzten Duergar vor ihrem Angriff zögerten und erst einmal ihre zwei Gegner voneinander unterscheiden mußten.

Mit Rufen zu Trübschimmer, ihrem gottgleichen Herrscher, schlugen sie zurück.

Drizzt erzielte sofort eine Reihe von Treffern, von denen sein Gegner eigentlich tot hätte umfallen müssen, aber die Rüstung war aus härterem Material als sein Stahlsäbel, und seine Hiebe wurden abgelenkt. Auch Entreri hatte Schwierigkeiten, eine Lücke in den Rüstungen und Schilden aus Mithril zu finden.

Drizzt gab seinem Gefährten mit den Schultern ein Zeichen. Entreri, der ihn verstand, folgte der Führung des Dunkelelfen und lief untermittelbar hinter ihm her.

Allmählich gewannen sie mit ihren Kreisbewegungen an Schwung. Wie geübte Tänzer bewegten sie sich gleichzeitig. Die Duergar versuchten nicht einmal, mitzuhalten. Ihre Gegner wechselten ständig, während sich der Dunkelelf und Entreri im Kreis bewegten und die Waffe, ob Schwert oder Axt, abwehrten, die der andere bei der vorherigen Drehung abgeblockt hatte. Sie behielten diesen Rhythmus einige Runden bei und erlaubten den Duergar, in ihren Tanz einzufallen. Aber dann verlangsamte Drizzt, der immer noch führte, ihren Schritt und kehrte sogar die Bewegung um.

Die drei Duergar, die gleichmäßig um das Paar verteilt waren, wußten auf einmal nicht mehr, aus welcher Richtung der nächste Angriff erfolgen würde.

Entreri, der bisher praktisch jeden Gedanken des Dunkelelfen sofort erahnt hatte, erkannte ihre Möglichkeiten. Als er sich von einem besonders verwirrten Zwerg abwandte, täuschte er einen Angriff von hinten vor und hielt den Duergar für Drizzt, der von der anderen Seite kam, lange genug fest, daß er eine Öffnung finden konnte.

»Nimm ihn!« schrie der Meuchelmörder siegesbewußt.

Der Krummsäbel erledigte seine Arbeit.

Jetzt waren sie nur noch zwei gegen zwei. Sie beendeten den Tanz und wandten sich jeweils einem Gegner zu.

Drizzt ging mit einem plötzlichen Sprung auf seinen kleineren Gegner los und schob sich an der Wand entlang. Der Duergar, dessen Aufmerksamkeit auf die zwei Klingen des Dunkelelfen gerichtet war, hatte nicht bemerkt, daß dieser seine dritte Waffe im Kampf einsetzte.

Die Überraschung des Dunkelzwergs wurde nur von der Erwartung des nahenden tödlichen Schlages übertroffen, als Drizzts flatternder Umhang herbeischwebte, sich über ihn legte und ihn in eine Schwärze hüllte, die sich nur durch die Leere des Todes vertiefen würde.

Im Gegensatz zu Drizzts anmutiger Technik kämpfte Entreri mit plötzlicher Wildheit und brachte seinen Zwerg mit Hieben von unten und blitzschnellen Gegenangriffen außer Atem, die unentwegt auf die Waffenhand zielten. Der Dunkelzwerg verstand, welche Taktik Entreri verfolgte, als seine Finger nach den Treffern von mehreren kleinen Schnitten zu erlahmen begannen.

Der Duergar reagierte, ohne zu überlegen, indem er seinen Schild nach innen drehte, um seine verwundbare Hand zu schützen.

Genau damit hatte Entreri gerechnet. Er schnellte herum, der Bewegung seines Gegners entgegengesetzt, und fand genau unterhalb der Schulter hinter dem Schild eine Öffnung in der Mithrilrüstung. Der Dolch des Meuchelmörders grub sich mit voller Wucht hinein, bis er eine Lunge erreichte und der Duergar auf den Steinboden geschleudert wurde. Dort blieb er zusammengekauert liegen. Ihm blieben nur noch wenige Atemzüge.

Drizzt ging auf den letzten Zwerg zu, der gleich zu Beginn des Überfalls verletzt worden war und jetzt einige Meter entfernt an der Wand lehnte. Das Licht der Fackel tauchte die Blutlache auf dem Boden in ein groteskes Rot. Aber der Zwerg war noch nicht geschlagen. Er erhob sein Breitschwert, um den Dunkelelfen abzuwehren.

Drizzt erkannte in ihm Mucknuggle wieder, und ein Anflug von Barmherzigkeit stieg in ihm hoch und nahm das wilde Funkeln aus seinen Augen.

Ein glänzender Gegenstand, der in den Schattierungen vieler verschiedener Edelsteine glitzerte, wirbelte an Drizzt vorbei und machte seinem inneren Kampf ein Ende.

Entreri stieß Mucknuggle seinen Dolch tief ins Auge. Der Zwerg stürzte nicht einmal zu Boden, so glatt war der Schnitt. Er blieb einfach an der Steinwand stehen. Aber jetzt wurde die Blutlache von zwei Wunden genährt.

Drizzt blieb trotz seiner Wut ruhig und zuckte mit keiner Wimper, als der Meuchelmörder kühl an ihm vorbeiging, um seine Waffe zurückzuholen.

Entreri zog grob den Dolch heraus und drehte sich zu Drizzt um, während Mucknuggle in die Blutlache stürzte.

»Vier zu vier«, knurrte der Meuchelmörder. »Du hast doch

wohl nicht geglaubt, daß ich dir eine größere Anzahl überlasse?«

Drizzt antwortete nicht.

Beide spürten Schweiß in ihren Handflächen, als sie ihre Waffen umklammerten, und wurden plötzlich von dem Drang überwältigt, das zu vollenden, was oben in der Nische begonnen hatte.

So ähnlich, und doch so anders.

In diesem Augenblick spielte die Wut über Mucknuggles Tod bei Drizzt keine Rolle, sie bestätigte nur noch einmal seine Meinung über seinen schändlichen Gefährten. Das Verlangen, Entreri zu töten, ging viel tiefer als die Wut über die Taten des Meuchelmörders, die er vielleicht empfand. Entreri zu töten hieß für ihn, seine eigene Schattenseite zu töten, denn, so glaubte Drizzt, er hätte durchaus auch so ein Mann sein können. Er selbst wurde auf die Probe gestellt, es war eine Auseinandersetzung mit dem, was aus ihm geworden wäre. Wenn er bei seiner Rasse geblieben wäre – und häufig empfand er seine Entscheidung, ihre Wege und ihre dunkle Stadt aufzugeben, als einen schwächlichen Versuch, die natürliche Ordnung zu entstellen –, dann hätte sein eigener Dolch Mucknuggles Auge gefunden.

Entreri sah Drizzt ebenfalls mit Abscheu an. Welches Potential doch in dem Dunkelelfen lag! Aber wie es verschwendet wurde durch unerträgliche Schwäche! Vielleicht war der Meuchelmörder im Grunde seines Herzens neidisch um eine Fähigkeit, die Fähigkeit, zu lieben und Mitgefühl zu empfinden, die er in Drizzt erkannte. Durch ihre erstaunliche Ähnlichkeit betonte Drizzt Entreris gefühlsmäßige Leere nur um so mehr.

Aber falls solche Gefühle wirklich in ihm ruhten, würden sie niemals eine so große Macht erlangen, daß sie Artemis Entreri beeinflußten. Sein ganzes Leben hatte er damit verbracht, sich zu einem Instrument zum Töten weiterzuentwickeln, und kein Fünkchen Licht konnte diese verhärtete Schranke der Dunkelheit durchdringen. Er wollte sich und dem Dunkelelfen beweisen, daß ein wahrer Krieger keinen Platz für Schwäche hat.

Sie standen jetzt näher zusammen, obwohl keiner von beiden wußte, wer sich bewegt hatte. Es war, als hätten unsichtbare Kräfte über sie verfügt. Die Waffen zuckten erwartungsvoll, und jeder wartete darauf, daß der andere die Hand erhob.

Beide wollten, daß der andere als erster ihrem gemeinsamen Wunsch nachgab, dieser letzten Herausforderung, dieser Prüfung aller Grundsätze ihrer Existenz.

Das Stampfen von Stiefeln brach den Bann.

Der Drache der Dunkelheit

Im Herzen der unteren Ebenen, in einer riesengroßen Höhle mit ungleichmäßigen Wänden, die sich wanden, mit tiefen Schatten und einer Decke, die für den Schein des hellsten Feuers zu hoch war, ruhte der gegenwärtige Herrscher über Mithril-Halle. Er thronte auf einem Sockel aus purem Mithril, der sich auf einem riesigen Berg von Münzen und Juwelen,

Kelchen und Waffen und unzähligen anderen Gegenständen erhob, die von den geübten Händen zwergischer Handwerker aus den groben Mithrilblöcken herausgearbeitet worden waren.

Die Bestie wurde von dunklen Gestalten umgeben. Es waren große Hunde aus ihrer eigenen Welt, gehorsam, langlebig und gierig auf das Fleisch von Mensch, Elf und auf alles, was ihnen Vergnügen bei ihrem blutrünstigen Zeitvertreib vor dem Töten versprach.

Aber Trübschimmer war im Augenblick nicht gut gelaunt. Gepolter von oben ließ auf Eindringlinge schließen, eine Duergar-Gruppe hatte von ermordeten Kameraden in den Tunneln berichtet, und es wurde gemunkelt, daß ein Dunkelelf gesichtet worden sei.

Der Drache war nicht von dieser Welt. Er kam von der Schattenebene, vom dunklen Spiegelbild der sonnenbeleuchteten Welt, den hiesigen Bewohnern unbekannt, wenn man von den wenigen flüchtigen Erinnerungen an ihre schlimmsten Alpträume absah. Trübschimmer, der damals schon recht alt gewesen war, hatte dort einen beachtlichen Rang innegehabt und sich hoher Achtung bei seiner Rasse erfreut, die über die Ebene herrschte. Aber als die dummen und gierigen Zwerge, die einst diese Minen bewohnt hatten, in der Dunkelheit zu tief gegraben und dabei ein Tor zu seiner Ebene geöffnet hatten, hatte der Drache es schnell passiert. Da er jetzt einen Schatz besaß, der zehnmal größer war als jeder andere auf seiner eigenen Ebene, hatte er nicht die Absicht, jemals zurückzukehren.

Und mit den Eindringlingen würde er fertig werden.

Zum ersten Mal seit der Vertreibung der Sippe Heldenhammer erfüllte das dumpfe Bellen der Schattenhunde die Tunnel und rief selbst bei ihren zwergischen Abrichtern schieres Grauen hervor. Der Drache hatte sie nach Westen geschickt, nach oben in die Tunnel zu der Eingangshalle im Tal der Hüter, wo die Gefährten die Anlage betreten hatten. Mit ihren kräftigen Rachen und ihrer hinterhältigen Verstohlenheit waren diese Hunde eine vernichtende Gefahr für jeden Eindringling, aber ihre Aufgabe bestand nicht darin, die Fremden zu fangen und zu töten, sondern sie sollten sie nur zusammentreiben.

Im ersten Kampf um Mithril-Halle hatte Trübschimmer allein die Minenarbeiter in den unteren Höhlen und in einigen großen Sälen am östlichen Ende der oberen Ebene in die Flucht geschlagen. Aber den endgültigen Sieg hatte der Drache verpaßt, denn diese Schlacht hatte in den westlichen Korridoren stattgefunden, die für seinen schuppigen Leib zu eng waren.

Die Bestie wollte sich nicht schon wieder den Ruhm entgehen lassen. Sie setzte ihre Minenarbeiter in Bewegung, um die Eindringlinge, wer immer sie auch sein mochten, zu dem einzigen Eingang zu treiben, der sich in den oberen Ebenen befand: zu Garumns Schlucht.

Trübschimmer richtete sich in ganzer Höhe auf und entfaltete seine ledernen Flügel zum ersten Mal seit fast zweihundert Jahren. Als sie sich ausbreiteten, wurde alles ringsum in Schwärze getaucht. Die Duergar, die im Thronsaal geblieben waren, fielen bei diesem Anblick ihres Herrschers aus Respekt und aus Angst auf die Knie.

Der Drache war verschwunden. Er schwebte durch einen geheimen Tunnel am hinteren Ende des Saales dorthin, wo er einst Ruhm erfahren hatte, an jenen Ort, den die Minenarbeiter zum Lob ihres Herrn Trübschimmers Paß nannten.

Er war wie ein Schleier undurchdringlicher Dunkelheit und bewegte sich so lautlos wie die schwarze Wolke, die ihm folgte.

☆ ☆ ☆

Wulfgar machte sich gerade Gedanken, wie tief er sich wohl noch bücken müßte, bis sie endlich Garumns Schlucht erreicht hätten, denn die Tunnel verkleinerten sich auf Zwergengröße, als sie sich dem östlichen Ende der oberen Ebene näherten. Bruenor nahm es als ein gutes Zeichen hin; die einzigen Tunnel in der ganzen Anlage, die niedriger als ein Meter achtzig waren, waren jene in den tiefsten Minen und jene, die für die Verteidigung der Schlucht gebaut worden waren.

Schneller, als Bruenor erwartet hatte, erreichten sie die Geheimtür zu einem kleineren Tunnel, der nach links abzweigte. Diese Stelle war dem Zwerg selbst nach zweihundertjähriger Abwesenheit vertraut. Er fuhr mit der Hand über die unauffällige Wand unter der Fackel und ihrer verräterischen roten Halterung auf der Suche nach dem Muster, das seine Finger zu der richtigen Stelle führen würde. Er fand ein Dreieck, dann ein zweites, und folgte ihren Linien zu dem Mittelpunkt, der den untersten Punkt in dem Tal zwischen den Gipfeln der Zwillingsberge darstellte, das Symbol von Dumathoin, dem Bewahrer der Geheimnisse Unter dem Berg. Bruenor drückte mit einem Finger dagegen, und die ganze Wand gab nach und öffnete den Weg zu einem niedrigen Tunnel. Aus diesem kam kein Licht, sondern es begrüßte sie nur ein hohles Geräusch, wie wenn der Wind um eine Felswand fegt.

Bruenor winkte den Gefährten zu und ging unverzüglich hinein. Er wurde aber langsamer, als er die Runen und Reliefs erblickte, die in die Wände gehauen waren. Überall im Durchgang hatten zwergische Künstler ihre Spuren hinterlassen. Bruenor war trotz seiner Niedergeschlagenheit voller Stolz, als er die bewundernden Blicke seiner Freunde sah.

Einige Biegungen weiter stießen sie auf ein verrostetes Gitter, und dahinter erstreckte sich eine große Höhle.

»Garumns Schlucht«, verkündete Bruenor und trat an die Eisenstangen. »Ich habe euch ja gesagt, man kann eine Fakkel vom Rand werfen, und sie wird lange erloschen sein, bevor sie unten aufschlägt.«

Vier Paar Augen sahen voller Staunen durch das Gitter. Wenn die Reise durch Mithril-Halle für sie eine Enttäuschung gewesen war, denn sie hatten ja noch nichts von der prächtigen Ausstattung gesehen, von der Bruenor ihnen schon so viel erzählt hatte, machte der Anblick vor ihnen einiges wett. Sie hatten Garumns Schlucht erreicht, obwohl es eher ein großes Tal als eine Schlucht zu sein schien, das Hunderte von Metern breit war und sich über ihr Blickfeld hinaus ausdehnte. Sie befanden sich oberhalb des Bodens der Höhle, und rechts auf der anderen Seite des Gitters führte eine Treppe nach unten. Sie versuchten, ihre Köpfe so weit wie möglich durch die Stangen zu schieben, und konnten Licht aus einem anderen Raum am Fuß der Stufen sehen und den Streit zwischen mehreren Duergarn hören.

Zu ihrer Linken senkte sich die Wand bis zum Rand, obwohl sich die Kluft hinter der angrenzenden Wand der Höhle weiter fortsetzte. Eine Brücke überspannte den Zwischenraum, eine uralte Steinarbeit, die so hervorragend gebaut war, daß ihr schlanker Bogen immer noch eine Armee von Bergriesen tragen konnte.

Als Bruenor die Brücke sorgfältig betrachtete, fiel ihm auf, daß mit dem Unterbau etwas nicht ganz in Ordnung zu sein schien. Sein Blick folgte dem Verlauf eines Seils über die Schlucht; er stellte sich vor, wie es sich unter dem Steinboden fortsetzte und schließlich zu einem großen Hebel führte, der auf der anderen Seite an einer Plattform, die offenbar erst vor kurzem gebaut worden war, befestigt war. Zwei Duergar-Wachen standen bei dem Hebel, aber ihre nachlässige Haltung zeugte von zahllosen Tagen der Langeweile.

»Sie haben die Brücke manipuliert, damit sie einstürzt!« knurrte Bruenor.

Die anderen verstanden sofort, wovon er sprach. »Gibt es denn noch eine andere Möglichkeit, um an die andere Seite zu gelangen?« fragte Catti-brie.

»Ja«, erwiderte der Zwerg. »Einen Vorsprung am südlichen Ende der Schlucht. Aber der Weg dauert Stunden und führt durch diese Höhle!«

Wulfgar umklammerte die Eisenstangen des Gitters und prüfte sie, aber wie er vermutet hatte, gaben sie nicht nach. »Wir können diese Stangen sowieso nicht überwinden«, warf er ein. »Falls du nicht weißt, wo wir eine Kurbel zum Öffnen finden.«

»Einen halben Tagesmarsch von hier«, erwiderte Bruenor, als läge dies Argument, das für das Denken eines Zwerges, der seine Schätze beschützt, völlig logisch war, auf der Hand. »In der anderen Richtung.«

»Reizendes Volk«, sagte Regis leise.

Bruenor, der die Bemerkung verstanden hatte, zog ein finsteres Gesicht, packte Regis am Kragen und hob ihn vom Boden hoch, bis ihre Gesichter fast zusammenstießen. »Meine Rasse ist ein vorsichtiges Volk«, knurrte er. Seine Enttäuschung und Verwirrung steigerten sich wieder zu einem seiner unbezähmbaren Wutanfälle. »Wir behalten gerne das, was unser ist, inbesondere wenn kleine Diebe mit langen Fingern und großem Maul im Spiel sind.«

»Aber es gibt doch bestimmt noch einen anderen Weg«, fragte Catti-brie, die von der Auseinandersetzung ablenken wollte.

Bruenor ließ den Halbling auf den Boden fallen. »Wir können in diesen Raum dort gelangen«, erwiderte er und meinte den beleuchteten Bereich am Fuß der Stufen.

»Dann laßt uns schnell verschwinden«, verlangte Catti-brie. »Falls der Lärm von dem Einsturz Alarm ausgelöst hat, ist die Nachricht vielleicht noch nicht bis hierher durchgedrungen.«

Bruenor führte sie schnell durch den schmalen Tunnel in den Korridor hinter der Geheimtür zurück.

Auch hinter der nächsten Abzweigung im Hauptkorridor waren die Wände mit Runen und Reliefarbeiten von Zwergenkünstlern verziert, und Bruenor war erneut von den Wunderwerken seiner Sippe überwältigt und vergaß bald seine Wut auf Regis. Wieder hörte er die Hämmer erschallen und den Gesang bei den öffentlichen Versammlungen zu Garumns Zeiten. Wenn durch das Abscheuliche, das sie hier vorgefunden hatten, und den Verlust von Drizzt sein leidenschaftlicher Wunsch, Mithril-Halle für sich zu beanspruchen, auch gemäßigt worden war, so entfachten die lebhaften Erinnerungen, von denen er in diesem Korridor ergriffen wurde, aufs neue dieses Feuer.

Vielleicht sollte er doch mit seiner Armee zurückkehren. Vielleicht würde wieder das Mithril in den Schmieden der Sippe Heldenhammer erklingen.

Bei diesem Gedanken, den Ruhm seines Volkes wiederzugewinnen, sah Bruenor auf seine Freunde, die erschöpft waren und hungrig und um den Dunkelelfen trauerten, und er erinnerte sich daran, daß seine vorrangige Aufgabe darin bestand, aus dieser Anlage zu entkommen und sie wieder in Sicherheit zu bringen.

Ein helleres Licht weiter vorne zeigte das Ende des Tunnels an. Bruenor verlangsamte das Tempo und schlich sich vorsichtig zum Ausgang. Wieder standen die Gefährten auf einem Steinbalkon, von dem aus sie einen weiteren großen Korridor, eigentlich einen Raum mit hoher Decke und verzierten Wänden, überblicken konnten. Auf beiden Seiten brannten in gleichem Abstand alle paar Meter Fackeln.

Ein Kloß stieg in Bruenors Hals auf, als er auf die geschnitzten Bildwerke schaute, die die gegenüberliegende Wand säumten, riesige gemeißelte Flachreliefs von Garumn, Bangor und allen Oberhäuptern der Sippe Heldenhammer. Nicht zum ersten Mal fragte er sich, ob sein Bild jemals seinen Platz neben dem seiner Vorfahren finden würde.

»Ein halbes Dutzend bis zehn sind es«, flüsterte Catti-brie, die aufmerksam dem Lärm lauschte, der von unten durch eine halb geöffnete Tür zu ihrer Linken zu hören war, aus dem Raum, den sie von der Kammer der Schlucht aus gesehen hatten. Die Gefährten waren jetzt etwa sechs Meter über dem Boden des größeren Korridors. Zu ihrer Rechten führte eine Treppe nach unten, und hinter ihr schlängelte sich der Tunnel zu den großen Hallen zurück.

»Nebenräume, wo sich andere versteckt halten können?« fragte Wulfgar Bruenor.

Der Zwerg schüttelte den Kopf. »Es gibt einen Vorraum und nur diesen einen«, antwortete er. »Aber weitere Räume befinden sich in der Höhle von Garumns Schlucht. Ob sich dort Dunkelzwerge aufhalten oder nicht, können wir nicht wissen. Aber mach dir um sie keine Gedanken. Wir müssen diesen Raum durchqueren und zu der Tür auf der anderen Seite gelangen, um zu der Schlucht zu kommen.«

Wulfgar hielt seinen Hammer kampfbereit in der Hand. »Dann laßt uns gehen«, knurrte er und machte sich auf den Weg zur Treppe.

»Was ist mit den beiden in der Höhle?« fragte Regis, während er den eifrigen Krieger mit der Hand zurückhielt.

»Sie werden die Brücke zum Einsturz bringen, bevor wir die Schlucht erreicht haben«, fügte Catti-brie hinzu.

Bruenor kratzte sich den Bart, dann sah er seine Tochter an. »Wie gut kannst du schießen?« fragte er sie.

Catti-brie hielt den magischen Bogen vor sich hin. »Gut genug, um die zwei Wachen zu nehmen!« antwortete sie.

»Dann zurück mit dir in den anderen Tunnel!« befahl Bruenor. »Bei dem ersten Kampfgeräusch nimmst du sie dir vor. Und sei schnell, Mädchen; dieser feige Abschaum wird wahrscheinlich bei dem ersten Anzeichen von Ärger die Brücke einstürzen lassen!«

Sie nickte kurz, und weg war sie. Wulfgar beobachtete, wie sie im Korridor verschwand. Ohne genau zu wissen, daß

Catti-brie bei ihm in Sicherheit war, war er nicht mehr so kampfeswütig. »Was ist, wenn die Dunkelzwerge Verstärkung in der Nähe haben?« fragte er Bruenor. »Was wird aus Catti-brie? Ihr Weg zu uns wird blockiert sein.«

»Jammere nicht herum, Junge!« keifte Bruenor, dem die Entscheidung, sich zu trennen, auch nicht gefiel. »Ich nehme an, dein Herz schlägt für sie, auch wenn du es dir nicht eingestehst. Behalte es in deinem Hirn, daß Cat eine Kriegerin ist, von mir persönlich ausgebildet. Der andere Tunnel ist wirklich sicher, und soweit ich erkennen konnte, ist er den Dunkelzwergen noch unbekannt. Das Mädchen hat genügend Kampferfahrung, um auf sich selbst aufzupassen! Richte also deine Gedanken auf unseren Kampf. Das Beste, was du für sie tun kannst, ist, diese graubärtigen Hunde so schnell zu erledigen, daß sie ihre Verwandten nicht warnen können!«

Mit großer Anstrengung riß Wulfgar die Augen von dem Korridor los und richtete sie wieder auf die offene Tür unterhalb von ihnen, und bereitete sich auf ihre Aufgabe vor.

Catti-brie, jetzt allein, ging lautlos die kurze Entfernung im Korridor zurück und verschwand durch die Geheimtür.

»Halt!« rief Sydney Bok zu, und auch sie blieb abrupt stehen, als sie bemerkte, daß weiter vorne jemand war. Mit dem Golem auf den Fersen schlich sie weiter und spähte in der Erwartung, auf die Gefährten gestoßen zu sein, um die nächste Biegung im Tunnel. Aber vor ihr lag nur der leere Korridor.

Die Geheimtür war geschlossen.

Wulfgar holte tief Luft und dachte über ihre Situation nach. Falls Catti-bries Schätzung stimmte, dann würden er und

Bruenor zahlenmäßig weit unterlegen sein, wenn sie durch die Tür platzten. Aber ihnen blieb nichts anderes übrig. Er holte noch einmal tief Luft, um sich zu beruhigen, und ging dann wieder auf die Stufen zu. Auf dieses Zeichen hin bewegte sich auch Bruenor, und Regis folgte zaghaft hinterdrein.

Die großen Schritte des Barbaren wurden weder langsamer, noch schweiften sie von dem direkten Weg zur Tür ab, aber die ersten Geräusche, die alle hörten, waren nicht die Aufschläge von Aegisfang oder Wulfgars Ruf an Tempus, seinen Kriegsgott, sondern der Schlachtgesang von Bruenor Heldenhammer.

Dies war seine Heimat und sein Kampf, und der Zwerg bürdete sich noch dazu die Verantwortung für die Sicherheit seiner Gefährten auf. Kaum hatten sie die letzte Stufe der Treppe erreicht, als er an Wulfgar vorbeiflitzte und durch die Tür stürmte. Die Mithrilaxt seines heldenhaften Namensvetters hielt er hoch über sich.

»Dieser ist für meinen Vater!« schrie er und zersplitterte mit einem einzigen Streich den glänzenden Helm des ersten Duergar. »Dieser ist für den Vater meines Vaters!« brüllte er und erschlug den nächsten. »Und dieser ist für den Vater meines Vaters Vater!«

Bruenors Abstammungslinie war in der Tat recht lang. Die grauen Zwerge hatten nicht eine Chance.

Wulfgar griff ebenfalls an, sobald Bruenor an ihm vorbeigestürmt war, aber als er den Raum betrat, lagen bereits drei Duergar tot auf dem Boden, und der wilde Bruenor war mit dem vierten beschäftigt. Sechs weitere standen dicht zusammen und versuchten, sich von dem heftigen Schrecken zu erholen und darüber hinaus aus der anderen Tür zu entwischen und in die Höhle der Schlucht zu gelangen, um sich dort neu zu sammeln. Wulfgar warf Aegisfang und brachte einen von ihnen zu Fall, während Bruenor auf sein fünftes Opfer einschlug, bevor es verschwinden konnte.

Auf der anderen Seite der Schlucht hörten die beiden Wachen den Beginn der Schlacht zur gleichen Zeit wie Catti-brie. Aber weil sie nicht wußten, was da vor sich ging, zögerten sie.

Catti-brie jedoch nicht.

Ein silberner Streifen fegte blitzschnell über die Schlucht hinweg und schlug in die Brust eines Wächters ein. Auch seine Mithrilrüstung bot keinen Schutz vor dieser mächtigen Magie, und ließ ihn rücklings in den Tod stürzen.

Der andere Wächter sprang sofort zu dem Hebel, aber Catti-brie erledigte kühl ihre Aufgabe. Der zweite Pfeil traf ihn schwirrend ins Auge.

Die Zwerge aus dem Raum strömten in die Höhle unter ihr, während andere, die sich in angrenzenden Räumen aufgehalten hatten, herbeiliefen und sich ihnen anschlossen. Catti-brie wußte, daß auch Wulfgar und Bruenor bald herauskommen – und direkt in die kampflüsterne Schar hineinlaufen würden!

Bruenors Einschätzung von Cattie-brie war richtig gewesen. Eine Kriegerin war sie, und wie jeder Krieger war sie bereit, sich trotz geringer Aussichten zu behaupten. Sie begrub jegliche Angst, die sie um ihre Freunde haben konnte, in ihrem Herzen, und stellte sich auf, um ihnen die beste Unterstützung zu bieten. Augen und Mund in stählerner Entschlossenheit zusammengekniffen, hob sie den magischen

Bogen hoch und schoß eine tödliche Ladung auf die versammelte Menge ab. In der brach das Chaos aus, und viele Dunkelzwerge rannten schutzsuchend hin und her.

Bruenor brüllte laut hinaus. Er war blutbespritzt, seine Mithrilaxt war rot vom Töten, und unzählige Vorfahren waren noch nicht gerächt worden. Wulfgar folgte ihm unmittelbar. Verzehrt von Blutgier, sang er Loblieder auf seinen Kriegsgott und schlug seine kleineren Gegner so leicht zur Seite, als würde er Farnkraut auf einem Waldweg entfernen.

Catti-bries Pfeilhagel ließ nicht nach, und ein Pfeil nach dem anderen fand unfehlbar sein Ziel. Der Krieger in ihr nahm völlig Besitz von ihr, und sie handelte, ohne noch bewußt zu denken. Nach jedem Schluß verlangte sie nach einem neuen Pfeil, und der magische Köcher von Anariel gehorchte ihr. Taulmaril spielte sein eigenes Lied, und als Echo auf seine Klänge lagen die verbrannten und niedergeschossenen Leichen vieler Duergar herum.

Regis hielt sich während des Kampfes die ganze Zeit im Hintergrund auf. Er wußte, daß er seine Freunde eher stören als ihnen von Nutzen sein würde. Für sie wäre er einfach nur ein weiterer Körper, den es zu beschützen galt, während sie bereits vollauf damit beschäftigt waren, auf sich selber aufzupassen. Er sah, daß Bruenor und Wulfgar sich schon frühzeitig einen Vorteil verschafft hatten und bald den Sieg errungen haben würden, trotz der vielen Gegner, die in die Höhle gekommen und ihnen begegnet waren. Regis sah es also als seine Aufgabe an, sicherzustellen, daß die gefallenen Gegner im Raum wirklich tot waren und ihnen nicht hinterherschleichen konnten.

Obendrein wollte er sicherstellen, daß Wertgegenstände,

die die Dunkelzwerge vielleicht bei sich trugen, nicht nutzlos bei den Leichen herumlagen.

Er hörte das dumpfe Aufschlagen eines Stiefels hinter sich. Er sprang zur Seite und rollte sich in eine Ecke, gerade als Bok durch die Tür krachte. Der Golem bemerkte ihn aber nicht. Als Regis seine Stimme wiederfand, rief er seinen Freunden eine Warnung zu.

Aber dann betrat Sydney den Raum.

Durch Wulfgars schwungvolle Bewegungen mit seinem Kriegshammer kamen zwei Duergar gleichzeitig zu Fall. Angefeuert durch die Schlachtrufe des zornigen Zwergs, obwohl er sie nur in Bruchstücken mitbekam: »... für den Vater meines Vaters Vater Vater Vater Vater...«, lag auf Wulfgars Gesicht ein grimmiges Lächeln, als er sich durch die ungeordneten Reihen der Duergar bewegte. Silbrig brennende Pfeile schwirrten auf der Suche nach Opfern direkt an ihm vorbei, aber er vertraute Catti-brie und hatte keine Angst, daß sich ein Pfeil verirren könnte. Er spannte die Muskeln zu einem weiteren zerstörerischen Schlag an. Selbst die glänzenden Rüstungen der Duergar boten ihnen keinen Schutz vor seiner gewaltigen Kraft.

Aber plötzlich ergriffen ihn von hinten Arme, die stärker waren als seine.

Die wenigen Duergar, die vor ihm standen, erkannten nicht, daß sie in Bok einen Verbündeten hatten. Voller Entsetzen flohen sie in Panik zu der Brücke und hofften inbrünstig, die Schlucht überqueren und den Zugang hinter sich zerstören zu können.

Catti-brie schoß sie nieder.

Regis vermied plötzliche Bewegungen, da er Sydneys Fähigkeiten bei ihrer ersten Begegnung in dem ovalen Raum kennengelernt hatte. Ihr Energieblitz hatte dort Bruenor und Wulfgar außer Gefecht gesetzt. Der Halbling schauderte bei dem Gedanken, was er bei ihm anrichten würde.

Seine einzige Chance war seiner Meinung nach der Rubinanhänger. Wenn er Sydney mit dem Stein hypnotisierte, würde er sie bis zur Rückkehr seiner Freunde aufhalten können. Langsam fuhr er mit der Hand unter seine Jacke, während seine Augen wachsam auf die Magierin geheftet blieben, um nicht zu verpassen, wenn sie wieder einen ihrer vernichtenden Blitze warf.

Sydneys Stab blieb im Gürtel. Für den Kleinen hatte sie sich etwas anderes ausgedacht. Sie murmelte schnell ein paar Worte, öffnete ihre Hand in Regis' Richtung und pustete leicht. Sofort bewegte sich ein hauchdünner Faden auf ihn zu.

Regis verstand die Bedeutung des Zauberspruchs, als die Luft um ihn herum plötzlich von schwebenden Spinnweben durchzogen war – von klebrigen Spinnweben. Sie hingen an seinem Körper, beeinträchtigten ihn in seinen Bewegungen und waren überall. Er hatte die Hand um den magischen Anhänger gelegt, aber das Spinnennetz hatte ihn völlig in seinem Griff.

Voller Freude, daß sie ihre Kraft erproben konnte, wandte sich Sydney zu der Tür und den Kämpfenden, die sie dort hörte. Sie bevorzugte es zwar, ihre eigenen Kräfte aufzurufen, aber angesichts der Stärke ihrer Gegner verließ sie sich doch lieber auf ihren Stab.

Bruenor hatte gerade den letzten Dunkelzwerg erledigt. Er hatte viele Hiebe eingesteckt, von denen einige ernster waren, und ein großer Teil des Bluts, mit dem er besudelt war, war sein eigenes. Die Wut in ihm, die er über Jahrhunderte aufgestaut hatte, hatte ihn Schmerzen gegenüber unempfindlich gemacht. Seine Blutgier war jetzt befriedigt, aber nur so lange, bis er in den Vorraum zurückging und dort Bok sah, der Wulfgar hoch in die Luft hob und das Leben aus ihm quetschte.

Auch Catti-brie sah es. Voller Schrecken versuchte sie, einen Schuß auf den Golem abzufeuern, aber durch Wulfgars verzweifelte Gegenwehr wankten die Gegner zu sehr, so daß sie es nicht wagte. »Hilf ihm!« bat sie Bruenor leise, da sie nur hilflos zusehen konnte.

Wulfgars Körper war zur Hälfte durch die unglaubliche Kraft von Boks magisch verstärkten Armen betäubt. Trotzdem gelang es ihm, sich herauszuwinden und seinen Gegner anzusehen. Dann legte er eine Hand auf dessen Auge und drückte mit seiner ganzen Kraft zu, um das Monster wenigstens teilweise von dem Angriff abzubringen.

Bok schien es nicht zu spüren.

Wulfgar schlug ihm Aegisfang mit aller Kraft, die er unter diesen widrigen Umständen aufbieten konnte, ins Gesicht. Aber es war immer noch kein Schlag, der einen Riesen umgeworfen hätte.

Wieder schien Bok es nicht zu spüren.

Die Arme drückten erbarmunglos zu. Ein heftiger Schwindel überkam den Barbaren. Seine Finger kribbelten vor Taubheit, und er ließ seinen Hammer fallen.

Bruenor war fast bei ihm und hielt die Axt kampfbereit

hoch. Aber kaum war der Zwerg durch die offene Tür in den Vorraum getreten, als ein blendender Energieblitz auf ihn zuschoß. Glücklicherweise schlug er nur in seinen Schild ein und wurde zur Höhlendecke abgelenkt, aber schon seine bloße Kraft warf Bruenor um. Mit einem ungläubigen Kopfschütteln versuchte er, sich aufzurichten.

Catti-brie sah den Blitz, und ihr fiel wieder ein, wie Bruenor und Wulfgar im ovalen Zimmer auf diese Weise außer Gefecht gesetzt worden waren. Instinktiv, ohne auch nur zu zögern oder sich Gedanken um die eigene Sicherheit zu machen, machte sie sich auf und davon. Angetrieben von dem Wissen, daß ihre Freunde keine Chance hatten, wenn sie nicht zu der Magierin gelangen konnte, lief sie den Gang hinunter.

Auf den zweiten Blitz war Bruenor besser vorbereitet. Er sah, wie Sydney im Vorraum den Stab auf ihn richtete. Er warf sich auf den Bauch und brachte den Schild über seinen Kopf. Und er war schneller als die Magierin. Er hielt zwar dem Einschlag stand und konnte die Energie ablenken, so daß kein Schaden angerichtet wurde, aber Bruenor erkannte, daß sein Schild durch die Wucht in Mitleidenschaft gezogen worden war und einen weiteren Angriff nicht aushalten würde.

Sein Überlebenstrieb hielt den dickköpfigen Barbaren davon ab, bewußtlos zu werden, und brachte ihn dazu, sich wieder auf den Kampf zu konzentrieren. Er vermißte seinen Hammer nicht, denn er hatte erfahren, daß der gegen den Golem wenig ausrichtete, und er bezweifelte, daß er ihn überhaupt festhalten konnte. Er bot seine eigenen Kräfte auf und schlang seine Arme um Boks Hals. Seine Muskeln spannten sich bis zum Äußersten und immer noch mehr, während er sich abmühte und die Luft anhielt. Bruenor würde ihn nicht rechtzeitig erreichen. Er knurrte, um sich von seinen Schmerzen und der Angst abzulenken, und verzog das Gesicht, um gegen das taube Gefühl anzukämpfen.

Und er drehte mit seiner ganzen Kraft.

Regis schaffte es schließlich, seine Hand und den Anhänger unter seiner Jacke hervorzuholen. »Warte, Magierin!« schrie er Sydney zu. Er erwartete zwar nicht, daß sie ihn an hören würde, aber er hoffte, ihre Aufmerksamkeit lange genug fesseln zu können, daß sie einen Blick auf den Edelstein werfen würde. Und er hoffte, daß Entreri ihr nichts über die hypnotischen Kräfte des Steins erzählt hatte.

Wieder richteten sich das Mißtrauen und die Geheimnistuerei der Gruppe der Bösen letztendlich gegen sie selbst. Da sie die Gefahren des Rubins nicht kannte, warf Sydney ihm einen Blick aus den Augenwinkeln zu. Eher um sicherzustellen, ob ihr Netz ihn noch gefangenhielt, als um sich anzuhören, was er zu sagen habe.

Ein rotes Funkeln erregte ihre Aufmerksamkeit stärker, als sie beabsichtigt hatte, und lange Zeit verging, bis sie den Blick wieder abwandte.

Im Hauptkorridor angelangt, lief Catti-brie so schnell sie konnte zu dem Vorraum, wo ihre Freunde in Bedrängnis geraten waren. Auf einmal hörte sie das dumpfe Bellen.

Die Jagdhunde aus der Schattenwelt erfüllten die Korridore mit ihrem aufgeregten Gebell und Catti-brie mit Angst und Schrecken. Die Hunde waren noch weit entfernt, aber ihre Knie wurden weich, als das schauerliche Geräusch über sie hereinbrach, von allen Wänden widerhallte und sie in ein schwindelerregendes Durcheinander einschloß. Sie biß vor der Wucht dieses Geräuschs die Zähne zusammen und lief weiter. Bruenor brauchte sie, Wulfgar brauchte sie. Sie wollte die beiden nicht enttäuschen.

Sie erreichte den Balkon und stürzte die Stufen hinunter. Die Tür zu dem Vorraum war jedoch verschlossen. Sie verfluchte ihr Pech, denn sie hatte gehofft, aus der Entfernung einen Pfeil auf die Magierin abschießen zu können. Enttäuscht legte sie sich Taulmaril um die Schulter, zog ihr Schwert und stürmte mutig und blindlings durch die Tür.

In ihrer tödlichen Umarmung umschlungen, wankten Wulfgar und Bok in der Höhle herum und gerieten manchmal gefährlich dicht an die Schlucht heran. Der Barbar spielte seine Muskelkraft gegen Dendybars magische Arbeit aus. Noch nie hatte er es mit einem solchen Gegner zu tun gehabt. Heftig riß er Boks massiven Kopf hin und her und brach schließlich dessen Fähigkeit, Widerstand zu leisten. Dann drehte er den Kopf fest in nur eine Richtung und setzte dabei jeden Funken Kraft ein, den er noch in sich hatte. Er konnte sich nicht erinnern, wann er das letzte Mal Atem geschöpft hatte, noch wußte er, wer oder wo er war.

Seine bloße Dickköpfigkeit hielt ihn davon ab, aufzugeben.

Er hörte Knochen knacken, war sich aber nicht sicher, ob es seine eigene Wirbelsäule war oder Boks Hals. Der Golem zuckte weder zusammen, noch lockerte er seinen schraubstockgleichen Griff. Sein Kopf ließ sich jetzt leicht drehen, und Wulfgar, angetrieben von der Dunkelheit, die sich endgültig über ihn zu senken begann, zog und zerrte an ihm in einem letzten Anfall von Trotz.

Haut riß entzwei. Die Blutsubstanz der magischen Kreatur

ergoß sich über Wulfgars Arme und Brust, und der Kopf löste sich vom Rumpf. Wulfgar glaubte zu seiner Verblüffung anfangs, daß er gewonnen habe.

Bok schien es nicht zu bemerken.

Der anfängliche Einfluß der hypnotischen Kräfte des Rubinanhängers wurde unterbrochen, als die Tür aufgestoßen wurde, aber Regis hatte seine Rolle bereits gespielt. Als Sydney die drohende Gefahr erkannte, war Catti-brie schon zu dicht bei ihr, um einen Zauber werfen zu können.

Sydney verharrte mit weit aufgerissenen Augen wie gelähmt. In ihrem Blick spiegelten sich Verwirrung und Einspruch wider. In diesem Augenblick stürzten all ihre Träume und Zukunftspläne auf sie ein. Sie versuchte zu schreien, sie wollte ihre Verweigerung herausschreien und daß sie überzeugt war, daß die Schicksalsgötter ihr eine wichtigere Rolle in ihrem kosmischen Plan zugewiesen hätten und nicht zulassen würden, daß der glänzende Stern ihrer angehenden Macht ausgelöscht werden sollte, bevor er sich voll entfaltet hatte.

Aber ein schlanker Holzstab konnte gegen eine Metallklinge wenig ausrichten.

Catti-brie sah nur ihr Ziel und fühlte nichts in diesem Augenblick, nur die Notwendigkeit, ihre Pflicht zu erfüllen. Ihr Schwert teilte den dünnen Stab und traf sein Ziel.

Jetzt erst sah sie Sydney ins Gesicht. Die Zeit schien stehenzubleiben.

Sydneys Gesichtsausdruck war unverändert geblieben. Ihre Augen und ihr Mund waren in empörter Ablehnung dieser Möglichkeit weit aufgerissen.

Catti-brie beobachtete mit hilflosem Entsetzen, wie das letzte Flackern von Hoffnung und Ehrgeiz in Sydneys Augen erstarb. Warmes Blut strömte über ihren Arm. Sydneys letzter Atemzug hörte sich unnatürlich laut an.

Dann glitt die Magierin ganz langsam von der Klinge und in das Totenreich hinein.

Ein einziger heftiger Schlag von Bruenors Mithrilaxt schnitt einen von Boks Armen ab, und Wulfgar fiel auf den Boden. Er kam mit den Knien auf und war nur noch knapp bei Bewußtsein. Seine großen Lungen nahmen gierig eine große Menge an wiederbelebendem Sauerstoff auf.

Da er die Gegenwart des Zwerges deutlich spürte, aber keine Augen mehr hatte, die er auf sein Ziel hätte richten können, sprang der kopflose Golem verwirrt auf Bruenor zu, verfehlte ihn jedoch weit.

Bruenor verstand nichts von den magischen Kräften, mit denen der Golem gelenkt oder am Leben erhalten wurde, und er verspürte auch nicht den Wunsch, sein Kampfgeschick gegen ihn zu erproben. Er sah eine andere Möglichkeit. »Komm schon, du dreckiger Haufen Orkdung«, lockte er ihn und bewegte sich dabei auf die Schlucht zu. In ernsthafterem Ton rief er Wulfgar zu: »Halte deinen Hammer bereit, Junge.«

Bruenor mußte die Aufforderung immer wieder wiederholen, und bis sie Wulfgar endlich erreichte, hatte Bok den Zwerg bis kurz vor den Vorsprung zurückgedrängt.

Obwohl Wulfgar sich seines Tuns immer noch nicht wirklich bewußt war, lag der Kriegshammer wieder in seiner Hand.

Bruenor blieb stehen. Seine Absätze berührten nicht einmal mehr den Steinboden, und ein Lächeln zeigte sich auf seinem Gesicht, das sagte, daß er den Tod akzeptierte. Auch der Golem hielt inne. Irgendwie schien er zu verstehen, daß Bruenor nicht mehr weitergehen konnte.

Bruenor ließ sich auf den Boden fallen, als Bok nach vorne sprang. Aegisfang schlug in seinen Rücken ein und schob ihn über den Zwerg. Das Monster stürzte ohne einen Laut ab.

Catti-brie stand immer noch reglos vor der Leiche der Magierin, als Wulfgar und Bruenor in den Vorraum zurückkamen. Sydneys Augen und Mund waren immer noch offen, noch immer in stummem Protest: ein hoffnungsloser Versuch angesichts der Blutlache, die um sie herum immer größer wurde.

Catti-bries Gesicht war tränennaß. Sie hatte Goblins und Dunkelzwerge getötet, einmal sogar einen Oger und einen Tundrayeti, aber niemals einen Menschen. Niemals hatte sie in Augen geschaut, die ihren glichen, und beobachtet, wie das Licht in ihnen erstarb. Niemals zuvor hatte sie daran denken müssen, daß das Leben, das sie genommen hatte, auch außerhalb des gegenwärtigen Schlachtfeldes existiert hatte.

Wulfgar ging zu ihr hinüber und umarmte sie voller Mitgefühl, während Bruenor den Halbling von den restlichen Spinnwebsträngen befreite.

Der Zwerg hatte Catti-brie im Kampf ausgebildet und in ihren Siegen über Orks und ähnliche schreckliche Bestien geschwelgt, die auf jeden Fall den Tod verdienten. Doch dabei hatte er stets gehofft, daß seiner geliebten Catti-brie die jetzige Erfahrung erspart bleiben würde.

Wieder war Mithril-Halle der Ursprung der Leiden seiner Freunde.

Fernes Heulen wehte durch die offene Tür zu ihnen herein. Catti-brie steckte ihr Schwert wieder ein. Sie dachte nicht einmal daran, es von Blut zu säubern. Langsam beruhigte sie sich wieder. »Die Verfolgung ist noch nicht zu Ende«, bemerkte sie mit Nachdruck. »Es ist höchste Zeit, daß wir hier verschwinden.«

Sie führte sie aus dem Zimmer, ließ aber einen Teil von sich, ihre Unschuld im Kampf, zurück.

Der zerbrochene Helm

Der Wind brauste über seine schwarzen Flügel wie das unaufhörliche Rollen eines fernen Donners, als der Drache aus dem Korridor hinaus in Garumns Schlucht fegte. Es war der gleiche Ausgang, den Drizzt und Entreri kurz zuvor auch genommen hatten. Die beiden, die sich nur etwas höher an der Wand befanden, hielten ganz still und wagten nicht einmal, Luft zu holen. Sie wußten, daß der finstere Herrscher über Mithril-Halle gekommen war.

Die schwarze Wolke, denn so sah Trübschimmer für sie aus, zog eilig an ihnen vorbei, ohne Notiz von ihnen zu nehmen, und segelte die Schlucht in ihrer ganzen Länge hinunter. Drizzt, der voranging, stieg die Felswand hoch, klammerte sich an dem Gestein fest, um jeden möglichen Halt zu finden, und vertraute sich dieser letzten Möglichkeit in seiner Verzweiflung völlig an. Als sie die Schlucht betreten hatten, hatte er den Lärm der Schlacht weiter oben gehört. Er wußte, daß seine Freunde bald auf einen Gegner stoßen würden, der mächtiger war als jeder, der ihnen jemals begegnet war. Was nützte es, daß sie bislang immer siegreich gewesen waren.

Drizzt war entschlossen, ihnen zur Seite zu stehen.

Entreri paßte sich dem Tempo des Dunkelelfen an, um in dessen Nähe zu bleiben, obwohl er noch keinen genauen Plan geschmiedet hatte.

Wulfgar und Catti-brie stützten sich beim Laufen gegenseitig. Regis blieb in der Nähe von Bruenor, da er sich Sorgen um dessen Verletzungen machte, die den Zwerg aber anscheinend nicht bekümmerten. »Behalte deine Sorgen für deine eigene Haut, Knurrbauch«, keifte er den Halbling ständig an. Aber Regis erkannte, daß Bruenors Schroffheit an Kraft verloren hatte. Der Zwerg schien wegen seines Benehmens zuvor verlegen zu sein. »Meine Wunden werden schon heilen. Bilde dir ja nicht ein, daß du mich so schnell loswirst! Wenn wir diesen Ort hinter uns gelassen haben, werden wir genügend Zeit haben, meine Haut zu reparieren.«

Regis war plötzlich stehengeblieben, und sein Gesicht hatte einen verwirrten Ausdruck angenommen. Bruenor sah zu ihm zurück. Auch er war verwirrt und fragte sich, ob er den Halbling wohl schon wieder beleidigt hatte. Wulfgar und Catti-brie hielten hinter Regis an und warteten ab, ob eine erneute Auseinandersetzung losbrechen würde, da sie nicht wußten, was zwischen den beiden gesagt worden war.

»Was ist denn mit dir?« fragte Bruenor.

Regis war in diesem Augenblick weder über das verärgert,

was Bruenor gesagt hatte, noch über den Zwerg im allgemeinen. Es war Trübschimmer, den er gespürt hatte: eine plötzliche Kälte, die in die Höhle geströmt war, eine Verdorbenheit, die durch die bloße Gegenwart die Gefährten beleidigte.

Bruenor wollte gerade etwas sagen, als auch er die Anwesenheit des Drachen der Dunkelheit wahrnahm. Er sah zur Schlucht hinunter, wo die Spitze der schwarzen Wolke hinter der Brücke zum Vorschein kam, von wo sie schnell auf sie lossteuerte.

Wulfgar schob Catti-brie zur Seite, dann zerrte er sie, so schnell er konnte, weg. Regis lief in den Vorraum zurück.

Erinnerungen überwältigten Bruenor.

Der Drache der Dunkelheit, dieses abscheuliche Ungeheuer, hatte seine Sippe fast ausgerottet und in den kleineren Korridoren der oberen Ebene schließlich in die Flucht geschlagen. Mit erhobener Mithrilaxt blieb er wie angewurzelt stehen und wartete.

Die Schwärze tauchte unter dem Bogen der Steinbrücke hindurch und schwang sich dann auf den Felsvorsprung empor. Klauen wie Speere krallten sich am Rand der Schlucht fest, und Trübschimmer ragte vor Bruenor in seiner entsetzlichen Pracht auf. Der Wurm, der widerrechtlich an die Macht gekommen war, trat dem rechtmäßigen König von Mithril-Halle entgegen.

»Bruenor!« schrie Regis, zog seine kleine Keule und rannte in die Höhle zurück. Das Beste, was er tun konnte, war, an der Seite seines Freundes zu sterben.

Wulfgar schob Catti-brie hinter sich und wirbelte zu dem Drachen herum.

Der Wurm, dessen Augen unentwegt dem starren Blick

des Zwerges begegneten, bemerkte weder Aegisfang, als der auf ihn zu flog, noch den furchtlosen Angriff des großen Barbaren.

Der mächtige Kriegshammer schlug gegen die rabenschwarzen Schuppen, prallte jedoch ab, ohne Schaden anzurichten. Erzürnt, daß jemand den Augenblick seines Sieges unterbrochen hatte, warf Trübschimmer Wulfgar einen finsteren Blick zu.

Und stieß seinen Atem aus.

Wulfgar wurde in vollkommene Schwärze getaucht, die ihm alle Kraft aus den Knochen saugte. Er spürte, daß er fiel, unaufhörlich fiel, denn es war, als ob kein Stein da war, um ihn aufzufangen.

Catti-brie schrie auf, eilte zu ihm hinüber und stürzte sich in die schwarze Wolke von Trübschimmers Atem, ohne an die eigene Sicherheit zu denken.

Bruenor zitterte voller Zorn um seine seit langem toten Verwandten und um seinen Freund. »Verschwinde aus meinem Heim!« brüllte er Trübschimmer an und griff ihn von vorne an. Er sprang auf ihn los und schlug in der Absicht, die Bestie über den Rand zurückzutreiben, mit seiner Axt wild auf ihn ein. Die rasiermesserscharfe Klinge der Mithrilwaffe war bei den Schuppen wirkungsvoller als der Kriegshammer. Aber der Drache schlug zurück.

Ein schwerer Fuß schlug Bruenor rücklings zu Boden, und noch bevor er wieder aufstehen konnte, hatte sich der gertenschlanke, kräftige Hals über ihn gesenkt, und er wurde in den Rachen des Drachen gehoben.

Regis wich angstbebend wieder zurück. »Bruenor!« versuchte er zu schreien, aber er brachte nur ein Flüstern heraus.

Die schwarze Wolke um Catti-brie und Wulfgar löste sich auf, aber der Barbar bekam Trübschimmers heimtückisches Gift entsetzlich zu spüren. Er wollte fliehen, selbst wenn die einzige Fluchtmöglichkeit darin bestand, sich kopfüber in die Schlucht zu stürzen. Das Bellen der Schattenhunde brach über ihn herein, obwohl sie noch viele Minuten entfernt waren. Alle seine Verletzungen, die von dem Golem und von den Treffern der Dunkelzwerge herrührten, schmerzten ihn unerträglich und ließen ihn bei jedem Schritt zusammenfahren. Dabei hatte er im Kampfrausch schon viele Male zuvor ernstere und schmerzhaftere Verletzungen vergessen können.

Der Drache schien ihm zehnfach überlegen zu sein, und er konnte es nicht einmal über sich bringen, eine Waffe gegen ihn zu erheben, denn tief in seinem Herzen war er fest überzeugt, daß Trübschimmer unbesiegbar war.

Verzweiflung hatte ihm Einhalt geboten, Feuer und Stahl war es niemals gelungen. Er wankte mit Catti-brie auf einen anderen Raum zu, denn er hatte keine Kraft mehr, sich ihrem Zerren zu widersetzen.

Bruenor spürte, wie die Luft aus ihm gedrückt wurde, als der schreckliche Rachen ihn zu zermalmen suchte. Dickköpfig hielt er die Axt fest und schaffte es sogar, noch einmal zuzuschlagen.

Catti-brie schob Wulfgar durch die Tür in den Schutz eines kleinen Raumes, dann kehrte sie in den Kampf in der Höhle zurück. »Du Bastardsohn einer Tanar-Ri-Echse!« fauchte sie, während sie Taulmaril auf die Jagd schickte. Silbrig gestreifte Pfeile sprengten Löcher in Trübschimmers schwarze Rüstung. Als Catti-brie erkannte, wie wirkungsvoll ihre Waffe war, faßte sie einen verzweifelten Plan. Sie richtete ihre nächsten Pfeile auf die Füße des Monsters, um es von dem Vorsprung zu stoßen.

Trübschimmer hüpfte voller Schmerz und Verwirrung hoch, als die stechenden Blitze ihr Ziel trafen. Er richtete seinen haßerfüllten Blick aus zusammengekniffenen Augen auf die mutige junge Frau. Dann spuckte er den arg zugerichteten Bruenor auf den Boden und brüllte: »Ich werde dich das Fürchten lehren, törichtes Mädchen! Lerne meinen Atem kennen, und wisse, daß du verdammt bist!« Die schwarzen Lungen dehnten sich aus und verwandelten die eingeatmete Luft in die schreckliche Wolke der Verzweiflung.

Und da gab der Felsen am Rand der Schlucht nach.

Ein wenig Freude erfüllte Regis, als der Drache stürzte. Er schaffte es, Bruenor in den Vorraum zu schleifen, aber dann fiel ihm nichts mehr ein, was er noch tun konnte. Hinter ihm wurden die Stimmen der Schattenhunde immer lauter. Er war von Wulfgar und Catti-brie getrennt, und ohne zu wissen, ob der Drache wirklich verschwunden war, wagte er nicht, in die Höhle zu gehen. Er sah auf die zerschundene und blutüberströmte Gestalt seines ältesten Freundes und hatte nicht die leiseste Ahnung, wie er ihm helfen konnte, oder ob er überhaupt noch am Leben war.

Als Bruenor die grauen Augen öffnete und ihm zuzwinkerte, war er so verblüfft, daß er nicht einmal schreien konnte.

Drizzt und Entreri drückten sich an die Wand, als die Steine des abbröckelnden Felsvorsprungs gefährlich dicht neben ihnen hinunterpurzelten. Einen Augenblick später war es vorbei, und Drizzt kletterte verzweifelt weiter, um endlich zu seinen Freunden zu gelangen.

Doch bald mußte er wieder innehalten und angespannt warten, als der schwarze Drache an ihm vorbeistürzte. Der erholte sich schnell und bewegte sich zum Rand zurück.

»Wie ...?« fragte Regis und starrte den Zwerg mit großen Augen an.

Bruenor bewegte sich vorsichtig und rappelte sich auf. Die Mithrilrüstung hatte den Biß des Drachens ausgehalten. Bruenor war allerdings arg zusammengedrückt worden und hatte unzählige schwere Prellungen davongetragen und höchstwahrscheinlich noch mehr gebrochene Rippen. Dennoch war der zähe Zwerg immer noch sehr lebendig und wachsam und vergaß seine starken Schmerzen über der wichtigeren Aufgabe – der Sicherheit seiner Freunde.

»Wo sind der Junge und Catti-brie?« fragte er Regis. Das Heulen der Schattenhunde in der Ferne betonte die Verzweiflung in seiner Stimme.

»In einem anderen Raum«, antwortete Regis und zeigte nach rechts in die Richtung auf die Tür, die in die andere Höhle führte.

»Cat!« schrie Bruenor. »Wie geht es dir?«

Es folgte zuerst eine verblüffte Pause, denn auch Catti-brie hatte nicht damit gerechnet, Bruenors Stimme jemals wieder zu hören. Dann rief sie zurück: »Wulfgar ist außer Gefecht gesetzt, befürchte ich! Ein Drachenzauber, soweit ich beurteilen kann! Und ich bin dafür, daß wir verschwinden! Die Hunde werden eher hier sein, als uns lieb sein wird!«

»Ja!« stimmte Bruenor zu und hielt sich bei einem stechenden Schmerz die Seite fest, während er schrie: »Aber hast du denn den Wurm gesehen?«

»Nein, und gehört habe ich ihn auch nicht!« kam die unsichere Antwort.

Bruenor sah Regis an.

»Er ist abgestürzt und seitdem verschwunden«, antwortete der Halbling auf Bruenors fragenden Blick. Auch er war nicht überzeugt, daß Trübschimmer so einfach besiegt worden war.

»Dann bleibt uns nichts anderes übrig!« rief Bruenor. »Wir müssen über die Brücke gehen! Kannst du dem Jungen helfen?«

»Es ist nur seine Liebe zum Kampf, die angeschlagen wurde, sonst nichts!« erwiderte Catti-brie. »Wir kommen!«

Bruenor ergriff Regis an der Schulter, um seinem nervösen Freund Beistand zu leisten. »Dann laßt uns gehen!« brüllte er in alter Zuversicht.

Regis lächelte trotz seiner Angst beim Anblick des alten Bruenor. Ohne ein weiteres Wort zu verlieren, verließ er an der Seite des Zwerges das Zimmer.

Gerade als sie den ersten Schritt zur Schlucht hin taten, tauchte die schwarze Wolke am Rand wieder auf.

»Siehst du ihn?« schrie Catti-brie.

Er sah den Drachen nur zu deutlich, und sofort stürzte Bruenor in den Raum zurück. Der Untergang drängte beharrlich und unausweichlich von allen Seiten auf ihn ein. Die Verzweiflung besiegte seine Entschlossenheit. Er litt nicht für sich, denn er wußte, daß er dem natürlichen Lauf seines Schicksals gefolgt war, indem er nach Mithril-Halle zurückgekehrt war – eine Bestimmung, die sich in sein ganzes Sein von dem Tag an, als seine Sippe niedergemetzelt worden war, eingegraben hatte – aber seine Freunde sollten nicht so umkommen. Nicht der Halbling, der bisher stets jeder Falle hatte entfliehen können. Nicht der Junge, auf dessen Weg noch so viele glorreiche Abenteuer lagen.

Und nicht sein Mädchen, Catti-brie, seine geliebte Tochter, das einzig wirkliche Licht in den Minen der Sippe Heldenhammer in Eiswindtal.

Allein der Tod des Dunkelelfen, des bereitwilligen Gefährten und teuersten Freundes, war schon ein zu hoher Preis für seinen selbstsüchtigen Wagemut gewesen. Der Verlust, den er jetzt fürchten mußte, war einfach zu hoch, um ihn ertragen zu können.

Seine Augen huschten in den kleinen Raum herum. Es mußte einen Ausweg geben. Wenn er jemals an die Götter der Zwerge geglaubt hatte, so bat er sie jetzt, ihm diesen einen Wunsch zu gewähren. Ihm einen Ausweg zu zeigen.

An einer Wand hing ein kleiner Vorhang. Bruenor sah Regis fragend an.

Der Halbling zuckte die Achseln. »Ein Lager«, erklärte er. »Nichts von Bedeutung. Nicht einmal eine Waffe.«

Bruenor gab sich mit dieser Antwort nicht zufrieden. Er stürzte hinter den Vorhang und begann, die Kisten und Säcke aufzureißen, die dort lagen. Gedörrte Nahrungsmittel. Holz. Ein Umhang. Eine Wasserflasche.

Ein Faß Öl.

Trübschimmer flog in der Schlucht auf und ab. Er wollte den Eindringlingen unter seinen Bedingungen in der offenen Höhle begegnen und war zuversichtlich, daß die Schattenhunde sie heraustreiben würden.

Drizzt war fast auf der gleichen Höhe mit dem Drachen und kletterte auch angesichts der drohenden Gefahr hastig weiter. Er war nur noch von der Sorge um seine Freunde durchdrungen.

»Halt!« rief Entreri, der sich nur ein kurzes Stück unter ihm befand, ihm zu. »Bist du entschlossen, dich umzubringen?«

»Verflucht sei der Drache!« zischte Drizzt zurück. »Ich verstecke mich nicht im Schatten und sehe zu, wie meine Freunde vernichtet werden.«

»Ist es denn sinnvoll, mit ihnen zu sterben?« kam die sarkastische Antwort. »Du bist ein Narr, Dunkelelf. Dein Wert überwiegt noch den all deiner mitleiderregenden Freunde zusammen!«

»Mitleiderregend?« wiederholte Drizzt ungläubig. »Du bist es, mit dem ich Mitleid habe, Meuchelmörder!«

Die Ablehnung des Dunkelelfen verletzte Entreri mehr, als er zuvor für möglich gehalten hätte. »Dann bemitleide dich selber!« gab er wütend zurück. »Denn du bist mir ähnlicher, als du zu glauben wagst!«

»Wenn ich ihnen nicht beistehe, werden deine Worte tatsächlich der Wahrheit entsprechen«, sagte Drizzt ruhig. »Denn dann wäre mein Leben sinnlos, sinnloser als deins! Wenn ich mir die herzlose Leere zu eigen mache, die deine Welt beherrscht, wäre mein ganzes Leben nichts weiter als eine Lüge.« Er kletterte weiter hinauf, obwohl er seinem Tod entgegensah, aber er war durchdrungen von dieser Erkenntnis, worin er sich wirklich von dem Mörder unterschied, der ihm folgte.

Er war durchdrungen von dem Wissen, daß er seiner eigenen Herkunft entronnen war.

Bruenor kam hinter dem Vorhang wieder zum Vorschein. Ein ausgelassenes Grinsen lag auf seinem Gesicht. Ein öldurchtränkter Umhang hing über seiner Schulter, und das Faß hatte er sich auf den Rücken gebunden. Regis sah ihn verwirrt an, obwohl er sich gut vorstellen konnte, was der Zwerg im Schilde hatte. Er machte sich um seinen Freund Sorgen.

»Was guckst du so?« fragte Bruenor mit einem Zwinkern.

»Du bist verrückt«, antwortete Regis, dem Bruenors Plan immer klarer wurde, je länger er ihn musterte.

»Ja, aber darüber waren wir doch schon einer Meinung, bevor unser Abenteuer begann!« knurrte Bruenor. Er beruhigte sich plötzlich, und das wilde Funkeln milderte sich zu besorgter Anteilnahme an seinem kleinen Freund. »Du verdienst etwas Besseres, als was ich dir gegeben habe, Knurrbauch«, sagte er. Er fühlte sich dabei wohler, als er sich je bei einer Entschuldigung gefühlt hatte.

»Ich habe niemals einen besseren Freund als Bruenor Heldenhammer gekannt«, gab Regis zurück.

Bruenor zog sich den mit Edelsteinen geschmückten Helm vom Kopf und warf ihn dem Halbling zu, was diesen in noch größere Verwirrung stürzte. Dann griff er nach hinten, löste die Riemen seines Rucksacks und holte seinen alten Helm hervor. Mit einem Finger fuhr er über das zerbrochene Horn und lächelte in Erinnerung an die wilden Abenteuer, bei denen der Helm die vielen Dellen erhalten hatte. Auch die Dellen, die Wulfgar vor vielen Jahren verursacht hatte, als sie sich als Feinde begegnet waren.

Bruenor setzte den Helm auf und fühlte sich mit ihm viel besser, und Regis sah in ihm wieder den alten Freund.

»Bewahre den Helm gut auf«, wies Bruenor Regis an. »Es ist die Krone des Königs von Mithril-Halle!«

»Dann gehört sie dir«, wandte Regis ein und hielt ihm die Krone entgegen.

»Nein, weder durch mein Recht noch durch meine Entscheidung. Mithril-Halle gibt es nicht mehr, Knurr-Regis. Bruenor aus Eiswindtal, das bin ich, ich war es ja auch zweihundert Jahre lang, selbst wenn mein Kopf zu dick war, um es zu verstehen!«

»Verzeih meinen alten Knochen«, fuhr er fort. »Sicherlich war ich mit meinem Denken gleichzeitig in der Vergangenheit und Zukunft.«

Regis nickte und fragte mit aufrichtiger Sorge: »Was hast du vor?«

»Kümmere dich um deine eigene Rolle in diesem Spiel!« knurrte Bruenor, plötzlich wieder der mürrische Anführer. »Du wirst genug damit zu tun haben, aus diesen verfluchten Hallen herauszukommen, wenn ich fertig bin!« Er funkelte den Halbling drohend an, um ihn zurückzuhalten. Dann bewegte er sich blitzschnell, riß eine Fackel von der Wand und stürzte durch die Tür in die Höhle, bevor Regis Anstalten machen konnte, ihn aufzuhalten.

Der schwarze Drache glitt über den Rand der Schlucht, tauchte tief unter der Brücke hindurch und kehrte zu seiner Lauerstellung zurück. Bruenor beobachtete ihn einen Moment, um ein Gefühl für den Rhythmus seines Rundflugs zu bekommen.

»Du gehörst mir, Wurm!« knurrte er leise, und dann stürmte er los. »Hier ist einer von deinen Tricks, Junge!« schrie er zu dem Zimmer hinüber, in dem sich Wulfgar und

Catti-brie aufhielten. »Aber wenn mir danach ist, auf den Rücken eines Wurms zu springen, werde ich ihn nicht verfehlen!«

»Bruenor!« schrie Catti-brie, als sie ihn auf die Schlucht zulaufen sah.

Es war zu spät. Bruenor zündete mit der Fackel den öldurchtränkten Umhang an und hob seine Mithrilaxt hoch über sich. Der Drache hörte ihn kommen und schwenkte lauernd auf den Rand zu – und war genauso verblüfft wie die Freunde, als Bruenor mit brennenden Schultern und brennendem Rücken vom Rand sprang und auf ihn fiel.

Mit unglaublicher Kraft, als hätten alle Geister der Sippe Heldenhammer ihre Hände und ihre Stärke zur Verfügung gestellt, um Bruenor zu helfen, seine Waffe zu führen, trieb er beim ersten Schlag die Mithrilaxt tief in Trübschimmers Rücken, wo sie steckenblieb; Bruenor stürzte um, konnte sich aber an der Waffe festhalten, obwohl bei dem Aufprall das Ölfaß zerbarst und der ganze Rücken des Monsters in Flammen ausbrach.

Voller Zorn kreischte Trübschimmer auf, schwenkte wild herum und krachte sogar gegen eine Steinwand der Schlucht.

Bruenor wurde nicht abgeworfen. Verbissen klammerte er sich an den Griff seiner Waffe und wartete auf eine günstige Gelegenheit, die Axt herauszureißen und wieder hineinzustoßen.

Catti-brie und Regis liefen zum Rand der Schlucht und schrien hilflos nach ihrem verlorenen Freund. Auch Wulfgar, der immer noch gegen die schwarzen Tiefen der Verzweiflung ankämpfte, schleppte sich mühsam dorthin.

Als der Barbar auf Bruenor schaute, der mitten in den Flammen lag, warf er brüllend den Zauber des Drachen von sich, und ohne zu zögern, schleuderte er Aegisfang. Der Hammer traf Trübschimmer seitlich am Kopf, und der Drache machte in seiner Überraschung wieder einen Schwenk und prallte gegen die andere Steinwand.

»Bist du verrückt?« schrie Catti-brie Wulfgar an.

»Nimm deinen Bogen!« knurrte Wulfgar sie an. »Wenn du ein wahrer Freund von Bruenor bist, dann laß ihn nicht vergeblich sterben!« Aegisfang kehrte in seine Hand zurück, und wieder warf er ihn und landete einen zweiten Treffer.

Catti-brie mußte sich mit der Wirklichkeit abfinden. Sie konnte Bruenor nicht von dem Schicksal erretten, für das er sich entschieden hatte. Wulfgar hatte recht – sie konnte dem Zwerg nur helfen, sein gewünschtes Ziel zu erreichen. Sie blinzelte die Tränen weg, die ihr in die Augen gestiegen waren, nahm Taulmaril in die Hand und schoß einen Hagel silberner Blitze auf den Drachen ab.

Verblüfft beobachteten Drizzt und Entreri Bruenors Sprung. Drizzt verfluchte seine hilflose Lage, drängte vorwärts und erreichte fast den Rand der Schlucht. Er rief etwas zu seinen Freunden hinüber, aber in der Aufregung und bei dem Brüllen des Drachen konnten sie ihn nicht hören.

Entreri war direkt unter ihm. Der Meuchelmörder wußte, daß er jetzt seine letzte Chance hatte, wenn ihm auch dabei die einzige Herausforderung verlorenging, die er je in seinem Leben gefunden hatte. Als Drizzt weiterkletterte, packte Entreri ihn am Knöchel und zog ihn nach unten.

Das Öl fand seinen Weg durch die Ritzen zwischen Trübschimmers Schuppen und trug das Feuer bis an sein Fleisch. Den Drachen quälten Schmerzen, die er niemals für möglich gehalten hätte.

Der Aufschlag des Kriegshammers! Der pausenlose Schmerz durch diese Silberpfeile! Und der Zwerg! Unnachgiebig in seinen Angriffen, als spürte er nichts von dem Feuer.

Trübschimmer jagte die Schlucht entlang, tauchte abrupt nach unten, sauste wieder nach oben und wälzte sich hin und her. Catti-bries Pfeile erreichten ihn bei jeder Drehung. Und Wulfgar wurde mit jedem Angriff besser und suchte die günstigsten Gelegenheiten, den Kriegshammer zu werfen. Er wartete darauf, bis der Drache an einem Felsvorsprung in der Wand vorbei war, und drängte das Monster mit der Wucht seiner Waffe gegen den Stein.

Flammen, Steine und Staub wirbelten bei jedem gewaltigen Zusammenprall heftig auf.

Bruenor hielt durch. Laut rief er die Namen seines Vaters und seiner Verwandten. Er sprach sich damit von seiner Schuld frei und war erleichtert, daß er die Geister seiner Vergangenheit zufriedengestellt und seinen Freunden eine Chance zum Überleben gegeben hatte. Von dem Feuer spürte er nicht das geringste, und auch nicht von den Zusammenstößen mit der Steinwand. Er nahm lediglich das Zittern des Drachenkörpers unter seiner Klinge und den Widerhall in den qualvollen Schreien wahr.

Drizzt stürzte die Steinwand hinunter und suchte verzweifelt einen Halt. Er schlug auf einen Vorsprung etwa sechs Meter unter dem Meuchelmörder auf und schaffte es, seinen Sturz aufzuhalten.

Entreri nickte beifällig, denn der Dunkelelf war genau dort gelandet, wo er ihn hatte haben wollen. »Leb wohl, vertrauensvoller Narr!« rief er zu Drizzt hinunter und machte sich auf, die Wand hinaufzuklettern.

Drizzt hatte zwar an der Ehre des Meuchelmörders gezweifelt, aber nicht an seinem Verstand. Dieser Angriff ergab überhaupt keinen Sinn. »Warum?« schrie er zu Entreri hinauf. »Du hättest den Anhänger ohne weiteres haben können!«

»Der Edelstein gehört mir«, erwiderte Entreri.

»Aber nicht ohne einen Preis!« verkündete Drizzt. »Du weißt, wie ich dich verfolgen werde, Meuchelmörder!«

Entreri sah mit einem belustigten Grinsen zu ihm hinab. »Verstehst du denn immer noch nicht, Drizzt Do'Urden? Genau das ist meine Absicht!«

Der Meuchelmörder erreichte schnell den Rand und spähte hinauf. Links von ihm setzten Wulfgar und Catti-brie ihren Angriff auf den Drachen fort. Zu seiner Rechten stand Regis. Er war von dem Anblick gefesselt und völlig ahnungslos.

Die Überraschung des Halblings war vollkommen, und sein Gesicht wurde vor Entsetzen leichenblaß, als sich vor ihm sein schlimmster Alptraum erhob. Regis ließ den Helm mit den Edelsteinen fallen und erstarrte vor Angst, als Entreri ihn schweigend aufhob und zur Brücke lief.

Erschöpft suchte der Drache nach einer anderen Verteidigungsmöglichkeit. Seine Wut und sein Schmerz hatten ihn jedoch zu tief in die Schlacht geführt. Er hatte zu viele Schläge hinnehmen müssen, und die silbernen Pfeile regneten immer noch auf ihn nieder.

Und der unermüdliche Zwerg bearbeitete mit der Axt immer noch seinen Rücken.

Ein letztes Mal drehte sich der Drache mitten im Flug um und versuchte, seinen Hals herumzubiegen, damit er wenigstens an dem grausamen Zwerg Rache nehmen konnte. Für den Bruchteil einer Sekunde verharrte er bewegungslos, und da schlug Aegisfang in sein Auge ein.

Der Drache wälzte sich blind voller Wut herum, verlor sich in einem schwindelerregenden Wirbel der Schmerzen und prallte hart gegen einen vorspringenden Teil der Wand.

Bei dem Zusammenstoß wurden die Grundmauern der Höhle erschüttert. Catti-brie wurde fast auf den Boden geworfen und Drizzt von seinem bedenklichen Standort gerissen.

Ein letztes Bild erreichte Bruenor, ein Anblick, der sein Herz noch einmal im Sieg höher schlagen ließ: ein durchdringender Blick aus Drizzt Do'Urdens blauvioletten Augen, mit dem er ihm von der Dunkelheit der Wand Lebwohl wünschte.

Zerbrochen und geschlagen und von den Flammen verzehrt, tauchte der Drache der Dunkelheit schwebend und sich drehend in die tiefste Schwärze hinunter, die er je gekannt hatte, in eine Schwärze, aus der es kein Zurück gab. Die Tiefen von Garumns Schlucht.

Und bei sich trug er den rechtmäßigen König von Mithril-Halle.

Nachschrift auf Mithril-Halle

Der brennende Drache trieb immer tiefer und tiefer, und der Schein der Flammen wurde allmählich zu einem bloßen Punkt auf dem Boden von Garumns Schlucht.

Drizzt kletterte über den Vorsprung und trat neben Catti-brie und Wulfgar. Catti-brie hielt den edelsteinverzierten Helm in der Hand, und beide starrten hilflos über die Kluft. Die zwei schwankten vor Überraschung und fielen beinahe selbst über den Rand der Schlucht, als sie sich umdrehten und ihren Freund erblickten, der aus dem Grab zurückgekehrt zu sein schien. Selbst das Auftauchen von Artemis Entreri hatte sie nicht auf den Anblick von Drizzt vorbereitet.

»Wie?« keuchte Wulfgar, aber Drizzt unterbrach ihn. Jetzt war keine Zeit für Erklärungen; eine dringende Angelegenheit erlaubte keinen Aufschub.

Auf der anderen Seite der Schlucht stand Artemis Entreri neben dem Hebel, der mit der Brücke verbunden war. Er hielt Regis am Hals vor sich und grinste bösartig. Den Rubinanhänger trug er jetzt um den Hals.

»Laß ihn laufen«, sagte Drizzt ruhig, »so wie wir es vereinbart haben. Du hast den Edelstein.«

Entreri lachte und zog den Hebel. Die Steinbrücke erzitterte, dann brach sie auseinander und stürzte in die Dunkelheit hinunter.

Drizzt hatte geglaubt, die Beweggründe des Meuchelmörders zu verstehen. Er hatte vermutet, daß Entreri Regis ergriffen hatte, um eine Verfolgung zu sichern, damit er seine persönliche Auseinandersetzung mit Drizzt weiterführen konnte. Aber jetzt, wo die Brücke nicht mehr existierte und es für Drizzt und seine Freunde offensichtlich keine Fluchtmöglichkeit mehr gab und dazu noch das unaufhörliche Bellen der Schattenhunde hinter ihrem Rücken immer lauter wurde, schien sich diese Annahme nicht zu halten. Wütend über seine Verwirrung, reagierte er schnell. Da er in der Nische seinen Bogen verloren hatte, nahm er Taulmaril Catti-brie aus der Hand und legte einen Pfeil an.

Entreri handelte genauso schnell. Er eilte zum Vorsprung, hob Regis an einem Knöchel hoch und hielt ihn mit einer Hand über den Rand. Wulfgar und Catti-brie spürten die seltsame Verbindung zwischen Drizzt und dem Meuchelmörder und wußten, daß der Dunkelelf eher in der Lage war, mit dieser Situation umzugehen. Sie taten einen Schritt zurück und hielten sich gegenseitig fest.

Drizzt spannte den Bogen und richtete ihn auf Entreri. Seine Augen blieben ungerührt, als er nach einem Fehler in dessen Abwehr suchte.

Entreri schüttelte Regis bedrohlich und lachte wieder. »Die Straße nach Calimhafen ist wirklich lang, Dunkelelf. Du wirst deine Chance bekommen, mich aufzuholen.«

»Du hast uns den Fluchtweg abgeschnitten«, gab Drizzt zurück.

»Eine notwendige Unannehmlichkeit«, erklärte Entreri ihm. »Sicherlich wirst du einen Ausweg finden, selbst wenn es deinen Freunden vielleicht nicht gelingt. Ich werde warten!«

»Und ich werde kommen«, versprach Drizzt. »Du brauchst den Halbling nicht, um bei mir den Wunsch aufkommen zu lassen, daß ich dich jagen möchte, niederträchtiger Meuchelmörder.«

»Das stimmt«, gab Entreri zu. Er griff in seinen Beutel, zog einen kleinen Gegenstand hervor und warf ihn in die Luft. Der wirbelte hoch über ihn und fiel nach unten. Der Meuchelmörder fing ihn gerade noch auf, bevor er außer Reichweite in die Schlucht fiel. Er warf ihn wieder hoch. Es war etwas Kleines, etwas Schwarzes.

Zum dritten Mal warf Entreri spöttisch den Gegenstand hoch, und sein Lächeln wurde breiter, als Drizzt den Bogen senkte.

Guenhwyvar.

»Ich brauche den Halbling nicht«, sagte Entreri mit Nachdruck und hielt Regis noch weiter über die Schlucht.

Drizzt ließ den magischen Bogen hinter sich fallen, während sein Blick auf den Meuchelmörder geheftet blieb.

Entreri zog Regis wieder zum Vorsprung zurück. »Aber mein Herr verlangt zu Recht, daß dieser kleine Dieb getötet wird. Schmiede deine Pläne, Dunkelelf, denn die Hunde rücken immer näher. Allein hast du mehr Chancen. Laß die beiden zurück, damit du am Leben bleibst!

Und komm schnell, Dunkelelf. Dann werden wir unsere Angelegenheit erledigen.« Er lachte noch einmal, wirbelte herum und verschwand in der Dunkelheit des Tunnels.

»Er ist also draußen«, stellte Catti-brie fest. »Bruenor hat erzählt, daß dieser Tunnel zu einer Tür und dann direkt aus den Hallen hinausführt.«

Drizzt sah sich überall nach einer Möglichkeit um, über die Schlucht zu gelangen.

»Aber Bruenor hat auch von einem anderen Ausgang gesprochen«, fuhr Catti-brie fort. Sie zeigte nach rechts auf das südliche Ende der Höhle. »Ein Vorsprung«, sagte sie, »aber ein stundenlanger Marsch.«

»Dann laßt uns gehen«, erwiderte Drizzt, dessen Augen immer noch auf den Tunnel auf der anderen Seite der Schlucht gerichtet waren.

Als die drei Gefährten den Vorsprung erreicht hatten, entnahmen sie dem Geheul und den Lichtflecken weit entfernt im Norden, daß Duergar und die Schattenhunde die Höhle betreten hatten. Drizzt führte sie auf dem schmalen Weg. Den Rücken hielt er an die Wand gedrückt, während er sich zentimeterweise zur anderen Seite hin bewegte. Die ganze Schlucht lag offen vor ihm, und unten brannte immer noch das Feuer, eine grausame Erinnerung an das Schicksal ihres bärtigen Freundes. Vielleicht war es gut so, daß Bruenor hier gestorben war, in der Heimat seiner Vorfahren, dachte er. Vielleicht hatte der Zwerg schließlich doch seine Sehnsucht gestillt, die ihn fast sein ganzes Leben lang beherrscht hatte.

Trotzdem war der Verlust für ihn unerträglich. Seine Jahre mit Bruenor hatten ihm einen mitfühlenden und geachteten Freund geschenkt, einen Freund, auf den er sich immer und in jeder Situation verlassen konnte. Drizzt konnte sich pausenlos einreden, daß Bruenor sicher zufrieden war, daß der Zwerg seinen Berg erklommen und seine persönliche Schlacht gewonnen hatte, aber in der schrecklichen Unmittelbarkeit seines Todes waren diese Gedanken ein schwacher Trost, um seinen Kummer zu vertreiben.

Catti-brie blinzelte weitere Tränen zurück, und Wulfgars Seufzen strafte seinen Gleichmut Lügen, als sie sich über die Schlucht bewegten, die Bruenors Grab geworden war. Für

Catti-brie war Bruenor Vater und Freund gewesen, der sie Härte gelehrt und sie mit Zärtlichkeit behandelt hatte. Die Werte, die ihr Leben bestimmt hatten, ihre Familie und ihr Heim, lagen unten und brannten auf dem Rücken eines aus der Hölle ausgespienen Drachens.

Taubheit brach über Wulfgar herein, die eisige Kälte der Sterblichkeit und die Erkenntnis, wie zerbrechlich das Leben war. Drizzt war zu ihm zurückgekehrt, aber dafür war Bruenor nicht mehr da. Stärker als jedes Gefühl der Freude und der Trauer war eine Woge der Zweifel, ein tragischer Kontrast zu den heldenhaften Bildern und den von Barden besungenen Legenden. Ihn hatte er nie erwartet. Bruenor war mit Mut und Kraft gestorben, und die Geschichte seines kühnen Sprungs würde tausendmal erzählt und wiedererzählt werden. Aber damit würde niemals die Leere ausgefüllt werden, die Wulfgar in diesem Augenblick empfand.

Sie gelangten auf die andere Seite der Schlucht und liefen gen Norden zu dem letzten Tunnel hinüber, der sie von den Schatten von Mithril-Halle befreien würde. Als sie das andere Ende der weiten Höhle erreicht hatten, wurden sie entdeckt. Duergar schrien sie an und verfluchten sie. Die großen schwarzen Schattenhunde brüllten bedrohlich und scharrten am Rand der Schlucht. Außer über den Weg am Vorsprung entlang hatten ihre Feinde jedoch keine Möglichkeit, zu ihnen zu kommen, und Drizzt trat unbehindert in den Tunnel, durch den Entreri einige Stunden zuvor verschwunden war.

Wulfgar folgte ihm, aber Catti-brie blieb am Eingang stehen und sah über die Schlucht auf das versammelte Heer der Dunkelzwerge hinüber.

»Komm!« forderte Drizzt sie auf. »Es gibt hier nichts, was wir unternehmen können, und Regis braucht unsere Hilfe.«

Catti-brie kniff die Augen zusammen, und die Muskeln um ihren Mund spannten sich an, als sie einen Pfeil auf ihren Bogen anlegte und schoß. Der silberne Streifen zischte in die Menge der Duergar und tötete einen, während die anderen Deckung suchten. »Jetzt gibt es Wichtigeres«, erwiderte Catti-brie grimmig, »aber ich komme zurück! Die grauen Hunde sollen ruhig wissen, daß ich die Wahrheit sage!

Ich komme zurück!«

Nachwort

Einige Tage später erreichten Drizzt, Wulfgar und Catti-brie Langsattel. Ihr Weg war beschwerlich gewesen, und sie waren immer noch mit tiefer Trauer erfüllt. Harkle und seine Familie begrüßten sie herzlich und luden sie ein, im Efeu-Herrenhaus zu bleiben, solange es ihnen gefiel. Obwohl alle drei dieses Angebot gern wahrgenommen hätten, um sich zu entspannen und sich von den Strapazen zu erholen, riefen andere Straßen sie zu sich.

Schon am nächsten Morgen standen Drizzt und Wulfgar mit frischen Pferden, die die Harpells ihnen zur Verfügung gestellt hatten, am Ausgang von Langsattel. Catti-brie ging langsam auf sie zu, und Harkle folgte ihr mit einigen Schritten Abstand.

»Kommst du mit?« fragte Drizzt, aber als er sie ansah, ahnte er, daß sie sich anders entschieden hatte.

»Ich würde, wenn ich könnte«, erwiderte Catti-brie. »Du wirst den Halbling schon befreien, da mache ich mir keine Sorgen. Ich habe einen anderen Schwur zu erfüllen.«

»Wann?« fragte Wulfgar.

»Vermutlich im Frühling«, antwortete Catti-brie. »Die Harpells haben mit ihrer Magie die Sache bereits in Gang gesetzt und die Sippe im Tal und Harbromm in der Zitadelle Adbar benachrichtigt. Bruenors Verwandte werden mit vielen Verbündeten noch vor dem Wochenende aus Zehn-Städte aufbrechen. Harbromm hat achttausend Mann versprochen, und einige von den Harpells haben ihre Hilfe angeboten.«

Drizzt dachte an die Untergrundstadt, die er auf seinem Weg in den unteren Ebenen gesehen hatte, und an das geschäftige Treiben der zahllosen Dunkelzwerge, die alle mit glänzendem Mithril ausgerüstet waren. Selbst mit der ganzen Sippe Heldenhammer und ihren Freunden aus dem Tal, mit achttausend kampferfahrenen Zwergen aus Adbar und den magischen Kräften der Harpells würde der Sieg hart sein, wenn sie ihn überhaupt erringen konnten.

Wulfgar begriff ebenfalls, wie gewaltig die Aufgabe war, der Catti-brie gegenüberstand, und Zweifel kamen ihm hoch über seine Entscheidung, Drizzt zu begleiten. Regis brauchte ihn, aber er konnte Catti-brie in ihrer Not nicht allein lassen.

Catti-brie spürte seine Qual. Sie ging zu ihm und küßte ihn plötzlich leidenschaftlich. Dann sprang sie zurück. »Erledige deine Aufgabe, Wulfgar, Sohn von Beornegar«, sagte sie. »Und komm dann zu mir zurück!«

»Auch ich war Bruenors Freund«, wandte Wulfgar ein, »und teilte seinen Traum von Mithril-Halle. Ich sollte an deiner Seite sein, wenn du dich aufmachst, um ihm die Ehre zu erweisen.«

»Wir haben einen Freund, der lebt und dich jetzt braucht«, fuhr Catti-brie ihn an. »Ich werde schon zurechtkommen. Kümmere du dich nur um Regis! Zahle Entreri alles heim, was er verdient hat, und beeil dich. Es ist ja möglich, daß ihr rechtzeitig wieder da seid, wenn wir zu den Hallen marschieren.«

Sie wandte sich an Drizzt, dem vertrauenswürdigsten aller Helden. »Paß für mich auf ihn auf«, bat sie ihn. »Zeige ihm den geraden Weg und auch den Weg zurück!«

Als Drizzt nickte, wirbelte sie herum und lief zu Harkle zurück und weiter auf das Efeu-Herrenhaus zu. Wulfgar folgte ihr nicht. Er vertraute Catti-brie.

»Wegen des Halblings und der Katze«, sagte er zu Drizzt, umklammerte Aegisfang und sah auf die Straße.

In den blauvioletten Augen des Dunkelelfen flammte plötzlich ein Feuer auf, und Wulfgar trat unwillkürlich einen Schritt zurück. »Und aus anderen Gründen«, ergänzte Drizzt grimmig und sah in den Süden, wo das Ungeheuer lebte, das er vielleicht geworden wäre. Es war sein Schicksal, Entreri wieder in der Schlacht zu begegnen, das wußte er, es war die Prüfung seines eigenen Wartens. Er mußte den Mörder besiegen.

»Aus anderen Gründen.«

☆ ☆ ☆

Dendybar bekam bei dem Anblick kaum noch Luft – Sydneys Leiche in der Ecke eines dunklen Zimmers.

Morkai, der Geist, winkte mit der Hand, und das Bild wurde durch ein anderes ersetzt, das den Boden von Garumns Schlucht zeigte.

»Nein!« schrie Dendybar, als er die Überreste des Golem sah, der dort ohne Kopf im Schutt lag. Der bunte Zauberer zitterte sichtlich. »Wo ist der Dunkelelf?« herrschte er den Geist an.

Mit einer weiteren Handbewegung entfernte Morkai das Bild und stand schweigend da, voller Freude über Dendybars Unbehagen.

»Wo ist der Dunkelelf?« wiederholte Dendybar lauter.

Morkai lachte ihn an. »Finde deine Antworten selbst heraus, törichter Magier. Mein Dienst bei dir ist beendet!« Die

Erscheinung blähte sich im Feuer auf und war verschwunden.

Dendybar sprang wütend aus seinem magischen Kreis und stieß die brennende Kohlenpfanne um. »Ich werde dich tausendmal für deine Unverschämtheit bestrafen!« schrie er in den leeren Raum hinein. Seine Gedanken drehten sich im Kreis. Sydney tot. Bok tot. Entreri? Der Dunkelelf und seine Freunde? Dendybar brauchte Antworten. Er konnte seine Suche nach dem Gesprungenen Kristall nicht aufgeben, er konnte nicht auf die Macht verzichten, die er so sehr begehrte.

Mit tiefen Atemzügen beruhigte er sich wieder, während er sich auf einen Zauber konzentrierte. Wieder sah er den Boden der Schlucht und ließ das Bild in seiner ganzen Schärfe vor seinem geistigen Auge erscheinen. Als er das Ritual sang, wurde das Bild immer wirklicher und greifbarer. Dendybar nahm es mit allen Sinnen wahr: die Dunkelheit, die hohle Leere der schattigen Wände und den fast unmerklichen Luftzug, der durch die Schlucht wehte, die harten, zerbrochenen Steine unter seinen Füßen.

Er trat aus seinen Gedanken heraus und war auf einmal in Garumns Schlucht.

»Bok«, flüsterte er, als er auf die gekrümmte, zerbrochene Form seines Geschöpfes, seines Meisterwerks, starrte.

Bok rührte sich. Ein Stein kam ins Rollen, als er sich bewegte und versuchte, sich vor seinem Schöpfer zu erheben. Dendybar beobachtete ihn ungläubig und war verblüfft, daß die magische Kraft, die er dem Golem eingeflößt hatte, so widerstandsfähig war, diesen Sturz und diese Verstümmelung zu überdauern.

Bok stand vor ihm und wartete.

Dendybar musterte ihn einen langen Augenblick und überlegte, wo er am besten mit seiner Wiederherstellung anfangen sollte. »Bok!« begrüßte er ihn leidenschaftlich, und ein hoffnungsfrohes Lächeln zeigte sich auf seinem Gesicht. »Komm, mein Liebling. Ich werde dich nach Hause bringen und deine Wunden versorgen.«

Bok tat einen Schritt nach vorne und drängte Dendybar an die Wand. Der Zauberer, der immer noch nicht verstand, was passierte, befahl dem Golem, er solle zurücktreten.

Aber Boks Arm schoß hervor und packte Dendybar an der Kehle, hob ihn in die Luft und würgte weitere Befehle ab. Hilflos und verwirrt ergriff Dendybar den Arm und schüttelte ihn.

Dann erreichte ein vertrautes Lachen seine Ohren. Eine Feuerkugel erschien am Hals des Golems, wo sein Kopf gewesen war, und verwandelte sich in ein bekanntes Gesicht.

Morkai.

Dendybars Augen weiteten sich vor Entsetzen. Er erkannte, daß er seine Grenzen überschritten hatte, daß er den Geist zu viele Male gerufen hatte. Er hatte Morkai bei ihrer letzten Begegnung nicht entlassen. Jetzt erkannte er, daß er wohl nicht mehr genügend Kraft gehabt hätte, um den Geist von der materiellen Ebene zu vertreiben, selbst wenn er es versucht hätte. Jetzt, außerhalb seines magischen Schutzkreises, war er auf die Gnade des Geistes angewiesen.

»Komm, Dendybar«, lächelte Morkai, und sein beherrschender Wille verdrehte dem Golem den Arm. »Geselle dich zu mir. Komm ins Totenreich, wo wir uns über deinen Verrat unterhalten können!«

Das Geräusch von brechenden Knochen hallte von den Steinen wider, die Feuerkugel verrauchte, und Zauberer und Golem stürzten tot zu Boden.

Weiter entfernt in der Schlucht, halb vergraben unter einem Haufen Schutt, waren die Flammen an dem Drachen erloschen. Nur ein Rauchfaden kräuselte sich empor.

Und ein anderer Stein bewegte sich und rollte weg.

Abenteuerspiele

Joe Dever/Jan Page
Der Hexenkönig
23960

Joe Dever/Jan Page
Flucht aus dem Dunkel
23950

Steve Jackson/Ian Livingstone
Der Hexenmeister vom
flammenden Berg 24200

Joe Dever/Gary Chalk
Das Schloß des Todes
23956

GOLDMANN